AF377784

# EXPOSITION PUBLIQUE

## DES PRODUITS

## DE L'INDUSTRIE FRANÇAISE

## AU PALAIS DU LOUVRE.

ANNÉE 1819.

PRIX : 1 franc.

Chez *PÉLICIER*, libraire, première cour du Palais-Royal;
au *LOUVRE*, à l'entrée des Salles de l'Exposition.

# CATALOGUE

INDIQUANT

## LE NOM DES FABRICANS,

CELUI

DE LEUR DOMICILE ET DÉPARTEMENT,

AVEC LA DÉSIGNATION SOMMAIRE

DES PRODUITS DE LEUR INDUSTRIE,

ET UNE TABLE DES MATIÈRES.

DEUXIÈME ÉDITION,

REVUE, CORRIGÉE ET AUGMENTÉE.

A PARIS,

DE L'IMPRIMERIE ROYALE.

1819.

# ORDONNANCE
## DU ROI

*Relative à l'Exposition publique des Produits de l'Industrie française.*

Au château des Tuileries, le 13 Janvier 1819.

LOUIS, par la grâce de Dieu, ROI DE FRANCE ET DE NAVARRE, à tous ceux qui ces présentes verront, SALUT.

Nous avons pensé que l'exposition périodique des produits de nos manufactures et de nos fabriques serait un des moyens les plus efficaces d'encourager les arts, d'exciter l'émulation et de hâter les progrès de l'industrie.

En conséquence, sur le rapport de notre ministre secrétaire d'état de l'intérieur,

NOUS AVONS ORDONNÉ et ORDONNONS ce qui suit :

ART. 1.ᵉʳ Il y aura une exposition publique des produits de l'industrie française à des époques qui seront déterminées par nous, et dont les intervalles n'excéderont pas quatre années.

La première exposition se fera en 1819 ; la seconde, en 1821.

2. L'exposition de 1819 aura lieu, le 25 août et jours suivans, dans les salles et galeries de notre palais du Louvre.

3. Tous les manufacturiers et fabricans établis en France qui voudront concourir à cette exposition, seront tenus de se faire inscrire au secrétariat général de la préfecture de

leur département, à l'époque qui sera indiquée par notre ministre secrétaire d'état de l'intérieur.

4. Chaque préfet nommera un jury composé de cinq membres pour prononcer sur l'admission ou le rejet des objets qui lui seront présentés.

5. Un jury central, composé de quinze membres, sera nommé par notre ministre secrétaire d'état de l'intérieur, à l'effet de juger les produits de l'industrie. Il désignera les manufacturiers qui auront mérité, soit des prix, soit une mention honorable.

6. Les prix consisteront, suivant les degrés de mérite, en médailles d'or, d'argent ou de bronze.

7. Un échantillon de chacune des productions désignées par le jury sera déposé au conservatoire des arts et métiers, avec une inscription particulière qui rappellera le nom du manufacturier ou du fabricant qui en sera l'auteur.

8. Notre ministre secrétaire d'état au département de l'intérieur est chargé de l'exécution de la présente ordonnance.

Donné en notre château des Tuileries, le 13 Janvier de l'an de grâce 1819, et de notre règne le vingt-quatrième.

*Signé* LOUIS.

Par le Roi :

*Le Ministre Secrétaire d'état au département de l'intérieur,*

Signé LE COMTE DECAZES.

# MINISTÈRE DE L'INTÉRIEUR.

*Paris, le 26 Janvier 1819.*

## LE MINISTRE,

### Aux Préfets des Départemens.

MONSIEUR, l'ordonnance du 13 de ce mois, par laquelle Sa Majesté fixe au 25 août de cette année l'exposition des produits de l'industrie française, vous est parvenue. Vous en aurez trop senti l'importance, pour que vous n'ayez pas porté vos vues sur les moyens de concourir à son exécution, avant même de recevoir les instructions que je m'empresse de vous donner.

Le premier objet dont vous avez à vous occuper, est la composition du jury. Vous en choisirez les membres parmi les hommes les plus éclairés dans les arts et les plus capables d'en juger les produits.

Ce jury prononcera sur tous les objets qui seront présentés, et n'admettra que ceux qui lui paraîtront réunir une bonne fabrication ou une grande utilité; il doit sur-tout s'attacher aux objets qui forment une industrie particulière au département : ceux-ci présentent toujours de l'intérêt, et caractérisent les localités.

Le jury observera sur-tout de ne pas rejeter les produits grossiers, lorsqu'ils sont à bas prix et d'un usage général.

Il excitera le zèle et l'émulation de tous les manufacturiers et fabricans, pour qu'ils donnent à leurs produits tous les degrés de perfection dont ils sont susceptibles; il leur dira que c'est moins un produit très-soigné et fabriqué à grands frais, sans toutefois l'exclure, qu'un bel échantillon d'une fabrication ordinaire, qu'il faut présenter à l'exposition.

Tous les articles d'industrie reçus par le jury doivent être rendus au Louvre avant le 1.er août; le Gouvernement en paiera le port.

Vous aurez l'intention, Monsieur, de faire mettre un numéro à chacun des produits, ainsi que le nom du fabricant et celui du département.

Vous m'enverrez séparément une note détaillée, dans laquelle vous me ferez connaître l'étendue de la fabrication, les lieux de consommation[1], le nombre d'ouvriers employés, l'origine des matières premières, les encouragemens qu'on pourrait accorder à chaque genre d'industrie, &c. Ces renseignemens deviennent nécessaires au jury central de Paris, pour déterminer son jugement, et ils seront utiles au Gouvernement pour fixer le degré d'intérêt qu'il doit accorder à chaque fabrique.

Vous remarquerez, Monsieur, que l'ordonnance du Roi n'a pas borné le nombre des prix dont elle annonce la distribution. L'intention de Sa Majesté est d'accorder des encouragemens ou des récompenses à tout ce qui sera vraiment digne de sa munificence. Pour en donner une nouvelle marque, le Roi a daigné permettre qu'indépendamment des médailles qui seront décernées sur le rapport du grand jury, j'appelasse sa bienveillance spéciale sur ceux des manufacturiers ou fabricans désignés pour des prix, et qui, en ayant déjà obtenu dans les précédens concours, ou ayant, par des procédés nouveaux ou des découvertes importantes, fait faire un pas notable à l'industrie nationale, paraîtront mériter des témoignages plus éclatans de la satisfaction royale. Sa Majesté a bien voulu m'autoriser à solliciter pour eux la décoration de la Légion d'honneur, et la faveur de lui être présentés.

Sa Majesté a voulu aussi que l'exposition eût lieu dans les salles du palais du Louvre, au moment même où elles viennent d'être terminées, pour marquer d'une manière plus particulière l'intérêt dont elle honore les arts.

Encouragés par une bienveillance si auguste, les manufacturiers et fabricans français redoubleront d'efforts et de zèle pour s'en rendre dignes, et justifieront par leurs travaux le haut degré d'estime où déjà notre industrie est placée en Europe.

Dans cette lutte honorable, les produits de votre département mériteront, je l'espère, Monsieur, une place distinguée. Je serai heureux de le faire remarquer au Roi, et de pouvoir lui dire tout ce que nos manufactures et nos fabriques devront à votre sollicitude, à votre zèle et à vos lumières.

Agréez, Monsieur, l'assurance de la considération la plus distinguée.

*Le Ministre Secrétaire d'état au département de l'intérieur,*

Signé LE COMTE DECAZES.

# RAPPORT AU ROI.

SIRE,

VOTRE MAJESTÉ, en ordonnant une exposition publique des produits de l'industrie, a pensé qu'une louable émulation naîtrait de ce concours, et qu'elle contribuerait puissamment à l'accroissement de la richesse nationale. Vos espérances, SIRE, ne seront pas déçues : déjà les manufacturiers du royaume s'empressent de répondre à l'appel que vous avez daigné leur faire ; ma correspondance m'informe que, dans tous les départemens, ils rivalisent de soins et d'efforts pour mériter les regards de VOTRE MAJESTÉ, et se rendre dignes de sa noble sollicitude.

Mais, SIRE, la supériorité des produits de l'industrie n'est pas uniquement due aux lumières, au zèle et à la persévérance des manufacturiers : elle est due aussi au génie inventif des artistes qui ont créé de nouvelles machines, simplifié la main-d'œuvre, amélioré les teintures, perfectionné le tissage. Pleins d'ardeur pour les progrès de l'industrie française, la plupart négligent le soin de leur fortune, tandis qu'ils enrichissent nos manufactures par leurs utiles découvertes. VOTRE MAJESTÉ, qui cherche par-tout le mérite pour l'honorer de son auguste protection, ne voudra pas que les travaux de ces hommes modestes demeurent sans récompense. Leurs droits à la reconnaissance publique constituent leurs titres à votre bienveillance. Les manufacturiers célèbres, dont ils ont secondé les efforts, et qui, mieux que personne, sont en état d'apprécier leurs services, s'estimeront heureux de pouvoir les reconnaître dignement, en appelant sur eux les bontés de VOTRE MAJESTÉ.

Je crois entrer dans les vues bienfaisantes de VOTRE MAJESTÉ, en la suppliant de donner son approbation au nouveau projet d'ordonnance que j'ai l'honneur de lui présenter, et qui n'est qu'un complément nécessaire de son ordonnance du 13 janvier dernier.

Je suis avec respect,

SIRE,

De VOTRE MAJESTÉ,

Le très-dévoué et très fidèle sujet.

*Le Ministre Secrétaire d'état au département de l'intérieur,*

Signé LE COMTE DECAZES.

# ORDONNANCE DU ROI.

Au château des Tuileries, le 9 Avril 1819.

LOUIS, par la grâce de Dieu, ROI DE FRANCE ET DE NAVARRE, à tous ceux qui ces présentes verront, SALUT.

Sur le rapport de notre ministre secrétaire d'état au département de l'intérieur,

NOUS AVONS ORDONNÉ et ORDONNONS ce qui suit :

## ARTICLE I.er

Dans les départemens où il existe une ou plusieurs branches de grande industrie manufacturière, nos préfets nommeront, avant le 15 mai prochain, un jury composé de sept fabricans, chargé de désigner ceux des artistes qui, depuis dix ans, ont le plus puissamment contribué au perfectionnement des fabriques de leur département, soit par l'invention ou la confection des machines, soit par les progrès qu'ils ont fait faire à la teinture, au tissage ou aux autres procédés des manufactures et des arts.

## ART. 2.

Après s'être assuré du mérite des perfectionnemens que chaque jury aura constatés, et de l'importance des manufactures aux progrès desquelles ils ont concouru, notre

Ministre de l'intérieur nous fera connaître les noms et les titres des artistes qui pourront prétendre à des récompenses, selon les services qu'ils auront rendus à l'industrie.

## Art. 3.

Les récompenses que nous jugerons à propos d'accorder, seront distribuées en même temps que celles qui seront décernées aux produits de l'industrie dans la prochaine exposition.

## Art. 4.

Notre Ministre Secrétaire d'état au département de l'intérieur est chargé de l'exécution de la présente ordonnance.

Donné en notre château des Tuileries, le 9 Avril, l'an de grâce 1819, et de notre règne le vingt-quatrième.

*Signé* LOUIS.

Par le Roi :

*Le Ministre Secrétaire d'état au département de l'intérieur,*

Signé LE COMTE DECAZES.

# MINISTÈRE DE L'INTÉRIEUR.

Paris, le 28 Avril 1819.

## LE MINISTRE,

## Aux Préfets des Départemens.

MONSIEUR, vous avez lu, dans la partie officielle du Moniteur du 15 de ce mois, l'ordonnance royale du 9, qui prescrit, dans les départemens où il existe une ou plusieurs branches d'industrie manufacturière, la formation d'un jury de sept fabricans, chargé de désigner les artistes qui ont le plus contribué au perfectionnement des manufactures pendant les dix années qui viennent de s'écouler. C'est sur cette ordonnance que j'appelle aujourd'hui votre attention. Elle est le complément de celle du 13 janvier, qui vous a été notifiée le 26 du même mois.

L'ordonnance du 13 janvier assure d'honorables récompenses aux fabricans qui ont porté les produits de leurs manufactures à un degré remarquable de perfection et d'économie. Mais la supériorité dans les arts industriels n'est pas due seulement au mérite des manufacturiers : si leur zèle, leur activité, leur intelligence, et l'emploi bien raisonné qu'ils savent faire de leurs capitaux, contribuent puissamment au succès de leurs opérations, on ne peut se dissimuler qu'ils trouvent aussi de grandes ressources dans le génie inventif de certains hommes qui découvrent d'utiles applications des connaissances physiques et mathématiques aux besoins des manufactures. Les savans de profession négligent en général les applications ; le temps qu'ils y consacreraient serait enlevé au perfectionnement théorique de la science, but principal de leurs profondes méditations : les manufacturiers, occupés presque exclusivement de la conduite de leurs fabriques, ne peuvent suivre des expériences qui les détourneraient du soin de leurs entreprises commerciales : mais il existe entre les savans et les fabricans une classe d'artistes qui transmettent à ceux-ci le résultat des recherches et de la sagacité des premiers. Un mécanicien, un simple contre-maître, ou même un ouvrier doué d'un esprit observateur, ont quelquefois, par d'heureuses découvertes, élevé tout-à-coup des manufactures au plus haut degré de prospérité.

Le fabricant leur doit les moyens de ménager le combustible, d'abréger le travail, d'épargner la main-d'œuvre, de donner aux couleurs plus de fixité et d'éclat, de tirer parti de matières auparavant rebutées et tombées en pur déchet, &c. Ces hommes industrieux cherchent rarement la fortune; ils s'oublient eux-mêmes et ne songent qu'aux progrès de l'industrie. Le plus modique salaire est, pour l'ordinaire, tout le prix qu'ils recueillent de leurs importans travaux. Ce sont ces artistes que le Roi a voulu honorer par son ordonnance du 9 avril dernier; il n'ignore pas les services multipliés que rend, chaque jour, à nos manufactures, cette classe laborieuse et modeste, qui sera constamment l'objet de sa sollicitude et de ses encouragemens. Un si noble exemple ne saurait être perdu pour vous.

Faites-vous rendre compte, Monsieur, des découvertes qui pourraient avoir amené, depuis dix ans, une amélioration notable dans une branche quelconque de l'industrie manufacturière de votre département, et signalez-moi les savans, les artistes, les ouvriers auxquels on en est redevable. Il y a peut-être tel procédé nouveau qui n'a servi qu'à perfectionner des produits d'un usage vulgaire, et à en faire baisser le prix : loin que les inventeurs de ces procédés doivent rester dans l'oubli, j'appelle particulièrement votre attention sur eux. Il faut sur-tout, Monsieur, exciter le zèle des artistes qui travaillent au bien-être de la classe indigente; c'est la volonté du Roi, et vous vous empresserez de vous y conformer.

Pour vous seconder dans vos recherches, vous réunirez auprès de vous, d'ici au 15 mai, un jury de sept fabricans, parmi lesquels pourront figurer plusieurs des membres du jury départemental chargé de l'examen des produits destinés pour l'exposition.

Les notices que vous rédigerez de concert avec ce jury, et que vous voudrez bien me faire parvenir dans la première quinzaine de juillet, devront indiquer les noms et prénoms des artistes qui auront des droits à cette distinction, la date et le lieu de leur naissance, le lieu de leur résidence actuelle; la découverte, le perfectionnement ou l'amélioration qu'on leur doit, et dont les preuves seront bien constatées; son importance, l'étendue de son application et des résultats qui en sont la suite; enfin l'époque précise à laquelle la découverte a eu lieu, ou a commencé d'être mise en pratique dans votre département.

Il est indispensable de constater avec précision cette dernière circonstance, puisque l'ordonnance de SA MAJESTÉ n'a pas en vue de récompenser les inventions qui auraient été faites il y a plus de dix ans; vous devez donc négliger tout ce qui serait antérieur au 1.er janvier 1809.

Sur le tout, Monsieur, je vous renvoie au rapport et à l'ordonnance imprimés à la suite de la présente circulaire, qui acheveront de vous éclairer sur ce que vous avez à faire.

Je ne doute pas que vous ne vous estimiez heureux d'avoir à vous occuper d'objets si dignes d'intérêt, et à concourir à des actes d'une munificence vraiment royale.

Recevez, Monsieur, l'assurance de ma considération la plus distinguée.

*Le Ministre Secrétaire d'état de l'intérieur,*

Signé LE COMTE DECAZES.

# MINISTÈRE DE L'INTÉRIEUR.

Paris, le 10 Juillet 1819.

## LE MINISTRE,

## A Messieurs les Préfets,

MONSIEUR, les locaux qui sont destinés dans le palais du Louvre à la prochaine exposition des produits de l'industrie, offrent de vastes emplacemens, susceptibles de recevoir des marchandises d'un volume quelconque et des plus grandes dimensions : ainsi les fabricans qui desirent que les objets présentés par eux, et que le jury départemental aura jugés dignes du concours, attirent les regards du public et soient examinés et appréciés sous tous les rapports, ne doivent pas se borner à en remettre de simples échantillons ; ils peuvent déposer les objets entiers, et, si ce sont des tissus, des pièces entières ou des demi-pièces. C'est ce que vous voudrez bien leur faire savoir, en vous adressant principalement aux manufacturiers de coton, de lainages, de papiers peints, &c. Quelles que soient les dimensions des produits industriels qu'ils offriront au concours général du 25 août prochain, il sera facile de les y exposer en les développant dans toute leur étendue : des mesures sont prises, d'ailleurs, pour qu'on en ait le plus grand soin et pour qu'ils n'éprouvent pas la plus légère avarie.

Je crois devoir vous transmettre ces informations, afin que vous les mettiez à profit, si vous n'avez pas encore expédié à M. *Arnould,* inspecteur de l'exposition au Louvre, les objets d'industrie de votre département.

Agréez, Monsieur le Préfet, l'assurance de la considération la plus distinguée.

*Le Ministre Secrétaire d'état au département de l'intérieur,*
Signé LE COMTE DECAZES.

# CATALOGUE

INDIQUANT

# LE NOM DES FABRICANS,

CELUI

## DE LEUR DOMICILE ET DÉPARTEMENT,

AVEC LA DÉSIGNATION SOMMAIRE

## DES PRODUITS DE LEUR INDUSTRIE.

——————

Numéros.

1.<sup>er</sup> M. *Maffrand*, propriétaire au Dorat (Haute-Vienne) : Deux Toisons provenant de son troupeau.

2. MM. *Mathieu Romanet* et *Alafort*, de Limoges (Haute-Vienne) : Poil de chèvre ou laine peignée.

3. M. *Souverbie*, de Léognan (Gironde) : Échantillons de Laines mérinos.

4. M. *Destombes-Roussel*, de Turcoing (Nord) : Laine filée.

5. M. *Louyrette*, à Montz (Indre-et-Loire) : Echantillons de Laine de filature hydraulique.

6. M. *d'Autremont*, à Villepreux (Seine-et-Oise) :

Laine filée, peignée, soufrée, marronnée; Tissus mérinos.

7. M. *Godart*, mécanicien, à Amiens (Somme) : Laine peignée, fil de mérinos, fil de laine-bouchon.

8. M. *Tirel*, à Blon, près Viré (Calvados) : Laine filée de différentes couleurs.

9. M. *de la Fresnaye*, à Falaise (Calvados) : Échantillons de Laine de brebis et beliers mérinos.

10. M. *Guel*, à Lisieux (Calvados) : Échantillons de Laine filée à la mécanique.

11. M. le comte *de Polignac* (Troupeau de), à Caen et Falaise (Calvados): Échantillons de Laine indigène améliorée.

12. M. *de Morand*, à Cabours (Calvados) : Échantillons de Laine mérinos.

13. M. *Louis Jeuffrain*, à Tours (Indre-et-Loire): Échantillons de Laine métis.

14. M. *Leguay*, à Tours (Indre-et-Loire) : Échantillons de Laine mérinos lavée.

15. M. *Chardron*, à Autrecourt (Ardenne) : Échantillons de Laine filée.

16. M. *Regnard Deligny*, à Reims (Marne) : Pelotes de Laine.

17. M. *Busson*, à Villeneuve (Cher) : Échantillons de Laine.

18. M. *Morin*, fermier, aux Fromentéaux (Cher) : Échantillons de Laine.

19. M. *de la Merville*, à la Perisse, commune de Dun (Cher) : Échantillonsde Laine.

20. M. *Sylvestre*, à Auzouer-la-Ferrière (Seine-et-Marne): Échantillons de Laine mérinos, pure race négrette.

21. M. *Chauvelot*, à Dijon ( Côte-d'Or ) : Laine métis et poil cachemire.

22. M. *Mazuret de Surmont*, à Turcoing ( Nord ) : Échantillons de Laine.

23. M. *Maurel*, à Limbrassac (Ariége) : Échantillons de Laine en suint.

24. M. *Flaudry*, à Pamiers ( Ariége ) : Échantillons de Laines filées, pour diverses fabrications.

25. M. *Guérineaud*, à Poitiers (Vienne) : Laine d'agneaux mérinos.

26. M. *Huzard*, Inspecteur de l'école royale d'Alfort : Échantillons de Laines de chèvre et de mérinos.

27. M. *Lhomme*, rue du faubourg Saint-Denis, n.º 88 : Une balle de Laine mérinos.

28. MM. *Richard* et *Dobo*, rue de Charonne, n.º 88 : Échantillons et paquets de Laines filées et peignées.

29. M. *Ternaux* et fils, place des Victoires, n.º 6 :

MANUFACTURE DE SEDAN. Draps de laine de diverses qualités et couleurs; de vigogne ; façon de vigogne ; Casimirs de diverses sortes et qualités ; Castorine.

MANUFACTURE DE LOUVIERS. Draps de laine de diverses qualités et couleurs ; Draps de pinne-marine ; *idem* mêlés de pinne-marine ; *idem* de vigogne ; Casimirs ; Schalls de vigogne.

MANUFACTURE DE SAINT-OUEN. Impressions en relief de différens dessins et couleurs sur draps et étoffes de laine, imitant la broderie.

Peau de chèvre de Cachemire de pure race tibétaine devenue française par l'importation. Ses produits en Étoffes, Bonneterie, Chapellerie, Maroquinerie, Brosserie, Coutellerie. Diverses productions de substances filamenteuses, de couleurs, qualités et dessins différens, fabriqués sans le secours de la filature ni du feutrage, sur le métier à tricot circulaire, et sur celui à couvre-pied, ainsi que sur de nouveaux métiers pour fabriquer les tapis. Ces derniers objets sont brevetés.

MANUFACTURE DE REIMS, *sous la raison* Jobert-Lucas *et compagnie, associés commandités :* Schalls de cachemire unis, brochés, soit au lamé selon les procédés français, soit au spoulin suivant les procédés indiens, en diverses couleurs et qualités ; Étoffes diverses pour gilets, de poil de chèvre, de toilinette, de duvet de cygne, casimir, flanelle, et autres ; Tapis nouvelle fabrication, façon de Tournay.

MANUFATURE D'ELBEUF, *sous la raison de M.* Leroy *et compagnie :* Draps de laines de diverses couleurs et qualités.

30. M. *Gatine*, rue Saint-Jacques, n.º 303 : Schalls chaîne des Indes ; Échantillon de Tissus fond blanc.

31. *Manufacture pour la restauration des vieux draps,* tenue par le sieur *Machault,* rue du Faubourg Saint-Martin, n.º 39.

32. MM. *Mathieu, Romanet* et *Alafort,* de Limoges ( Haute-Vienne ) : Draperies.

33. MM. *Creissels* et *Cot*, de Camarès ( Aveyron ) : Draperies et Tricot de laine.

34. MM. *Merle*, *Pascal* fils et *Pascal*, de Vienne ( Isère ) : Draperies.

35. MM. *Badin* frères et *Lambert*, de Vienne ( Isère ) : Draperies.

36. M. *Dupré*, de Saint-Geniez ( Aveyron ) : Draps.

37. M. *Antoine Bastide*, de Saint-Geniez ( Aveyron ) : Draps.

38. M. *Maurice Loignon*, de Beauvais ( Oise ) : Draps.

39. MM. *Rogues* et *Roger*, d'Amphernet ( Calvados ) : Draps.

40. MM. *Tirel* fils, de Blon, près Vire ( Calvados ) : Draps et Couvertures de laine.

41. M. *Rivet*, de Sedan ( Ardennes ) : Draps.

42. MM. *Meurville* père et fils, à Troyes ( Aube ) : Draps.

43. MM. *Rose Abraham*, à Tours ( Indre-et-Loire ) : Draps.

44. MM. *Salvi*, *Saysset* et *Guiraud*, de Saint-Pons ( Hérault ) : Draps à l'usage du Levant.

45. MM. *Aynard* et fils, de Montluel ( Ain ) : Draperies diverses.

46. MM. *Violle* et *Antoine Benoist*, à Dijon ( Côte-d'Or ) : Échantillons de Draps.

47. *Cousseau*, à Cugand ( Vendée ) : Échantillons de Draps sans apprêt.

48. M. *Louis Pompidor*, à Prats-de-Mollo ( Pyrénées-Orientales ) : Échantillons de Draps.

( 6 )

49. MM. *Boixo*, *Palol* et compagnie, à Prades (Pyrénées-orientales) : Échantillons de Draps.

50. M. *Bernard Matillot*, à Prats-de-Mollo ( Pyrénées-orientales ) : Echantillons de Draps.

51. MM. *Dessonne*, de Louviers et Gravigny ( Eure ) : Coupons de Draps.

52. M. *Dannet*, à Beaumont-le-Roger ( Eure ) : Échantillons de Draps.

53. MM. *Ribouleau* et *Jourdain*, à Louviers (Eure): Draps.

54. M. *Tremeau* et compagnie, à Louviers (Eure): Draps.

55. M. *Decretot*, à Louviers ( Eure ) : Draps.

56. M. *Petou*, à Louviers ( Eure ) : Draps.

57. M. *Marie Frigard*, à Louviers ( Eure ) : Draps.

58. M. *Gerdret* aîné, à Louviers ( Eure ) : Draps.

59. M. *Sevestre* et compagnie, à Bernay ( Eure ) : Échantillons de Draps.

60. M.me veuve *Lemaître*, à Louviers ( Eure ) : Coupons de Draps.

61. MM. *Moireau* et *Hache*, à Louviers (Eure): Draps.

62. M. *Clerc* neveu, à Louviers ( Eure ) : Draps.

63. *Hospice de la Miséricorde*, à Perpignan ( Pyrénées-Orientales ) : Échantillons de Draps.

64. M. *Joseph Durand - Damich*, à Prats - de - Mollo ( Pyrénées-Orientales ) : Échantillons de Draps.

65. M. *Courbet-Poullard*, à Abbeville ( Somme ) : Draps.

66. M.me veuve *Rose Xatard*, à Prats-de-Mollo ( Pyrénées-Orientales ) : Échantillons de Draps.

67. M. *Ricquier*, à Lisieux ( Calvados ) ; Coupons de Draps.

68. MM. *Chaussette* et *Daverton*, à Abbeville (Somme) : Draps.

69. M. *Gaboriau*, à Cugand ( Vendée ) : Échantillons de Drap à moitié pressé.

70. M. *Puel*, à Lisieux ( Calvados ) : Coupons de Draps imperméables.

71. M. *Condrin*, à Cugand ( Vendée ) : Échantillons de Drap sans apprêt.

72. M. *Captier*, à Lodève ( Hérault ) : Coupon de Drap.

73. MM. *Roqueplane* père et fils et compagnie, à Clermont ( Hérault ) : Coupon de Drap gris de troupe.

74. M. *Jean Martin* fils, à Clermont ( Hérault ) : Coupon de Drap londrin premier.

75. M. *Raray*, à Vire ( Calvados ) : Coupons de Drap blanc beige et croisé pour la troupe.

76. MM. *Grand* frères, à Bédarieux ( Hérault ) : Draps.

77. M. *Foulquier*, à Lodève ( Hérault ) : Échantillons de Draps.

78. MM. *Flotte* frères, à Saint-Chinian ( Hérault ) : Draps.

79. M. *Anne Veaute* et fils, à Castres, ( Tarn ) : Draps.

80. *Olombel* père et fils, à Mazamet ( Tarn ) : Draps.

81. *Guibal* jeune, à Castres ( Tarn ) : Draps.

82. *Dumas* ( *Étienne* ), à Lavelanet ( Ariége ) : Échantillons de Draps.

83. M. *Dastis*, à Lavelanet ( Ariége ) : Échantillons de Draps.

84. M. *Sage* jeune, à Larroque ( Ariége ) : Échantillons de Drap et Burat.

85. M. *Martin Thys* et compagnie, à Buhl (Haut-Rhin) : Coupon de Drap.

86. MM. *Collin* frères, à Tours (Indre-et-Loire) : Échantillons de Draperie.

87. MM. *Bournier* frères, à Tours (Indre-et-Loire) : Échantillons de Draperie.

88. M. *Fages*, à Carcassonne (Aude) : Draps.

89. M. *Chauvet* et fils, à Carcassonne (Aude) : Draps.

90. M. *Vivier*, à Carcassonne (Aude) : Draps.

91. M. ***, à Limoux (Aude) : Draps.

92. M. *Anduze*, à Chalabre (Aude) : Draps.

93. M. *Jean Clerc*, à Chalabre (Aude) : Draps.

94. M. *Patto*, à Chalabre (Aude) : Draps.

95. MM. *Godard* père et fils, à Châteauroux (Indre) : Draps.

96. M. *Muret*, à Châteauróux (Indre) : Draps.

97. MM. *Bridier* frères, à Sedan (Ardennes) : Draps.

98. MM. *Bacot* père et fils, à Sedan (Ardennes) : Draps.

99. M. *Lemoine Desmares*, à Sedan (Ardennes) : Draps.

100. MM. *Ternaux* et fils, à Sedan (Ardennes) : Draps.

101. M. *Chayaux*, à Sedan (Ardennes) : Draps.

102. M. *Alexandre Ivart*, à Aumale (Seine-Inférieure) : Draps.

103. M. *Ph. Bert*, à Givet (Ardennes) : Échantillons de Draps teints par un procédé nouveau.

104. MM. *Mathieu Quesné* et fils, à Elbeuf (Seine-Inférieure) : Draps.

105. M. *Devitry* le jeune, à Elbeuf (Seine-Inférieure) : Draps.

106. MM. *Nicolas Bourdon* et *Petou*, à Elbeuf (Seine-Inférieure) : Draps.

107. M. *Félix Tourengin*, à Bourges (Cher) : Draps.

108. MM. *Mathieu Leroy* et compagnie, à Elbeuf (Seine-Inférieure) : Draps.

109. M. *Parfait Maille-Grandin*, à Elbeuf (Seine-Inférieure) : Draps.

110. M. *Louis-Jacques Grandin*, à Elbeuf (Seine-Inférieure) : Draps.

111. M. *Louis-Robert Flavigny*, à Elbeuf (Seine-Inférieure) : Draps.

112. M. *Pierre Turgis*, à Elbeuf (Seine-Inférrieure) : Draps.

113. MM. *Rivier* et *Maurel*, à Embrun (Basses-Alpes) : Échantillons de Drap croisé.

114. MM. *Doré*, à Dijon (Côte-d'Or) : Échantillons de Drap.

115. MM. *Ansault*, *Chauvat* et compagnie, à Toucy (Yonne) : Echantillons de Draperie.

116. M. *Hervey*, à Brunon (Yonne) : Échantillons de Draperie.

117. M. *Lenoir*, à Seignelay (Yonne) : Échantillons de Draperie.

118. M. *Garrisson*, à Montauban (Tarn-et-Garonne) : Échantillons de Drap et de Drap croisé.

119. M. *Rachou* et compagnie, à Montauban (Tarn-et-Garonne) : Échantillons de Drap croisé et de Ratine.

120. M. *Denielle*, à Saint-Omer ( Pas-de-Calais) : Échantillons de Draps.

121. M. *Tartas-Boyaval*, à Saint-Omer ( Pas-de-Calais) : Échantillons de Draps.

122. M. *Lefebvre*, à Saint-Omer ( Pas-de-Calais ) : Échantillons de Draps.

123. M. *Bagarris*, à Bras ( Var ) : Echantillons de Draps.

124. M. *Pley*, à Saint-Omer ( Pas-de-Calais ) : Draps.

125. M. *Vernus*, à Pamiers ( Ariége ) : Échantillons de Draps.

126. MM. *Verny* frères, à Aubenas ( Ardèche ) : Draps.

127. M. *Maubon-Rupied*, à Nanci (Meurthe) : Draps bruts.

128. M. *Seillière*, à Nanci ( Meurthe ) : Draps.

129. M. *Klin*, à Nanci ( Meurthe ) : Draps.

130. MM. *Demenou* et *Delambert*, rue du Faubourg-Poissonnière, n.° 31 : Molleton et Draps blancs tricotés.

131. M. *Brulley*, à Paris : Coupon de Drap et Schall rouge teint à la cochenille silvestre recueillie à Saint-Domingue.

132. M. *Tachard Rey*, à Montauban (Tarn-et-Garonne) : Échantillons de Casimir et de Cordelat double croisé.

133. M. *Jean-Baptiste Petou* frères et fils, à Louviers ( Eure ) : Casimir gris, Casimir cuir de laine.

134. M. *Clerc* neveu, à Louviers ( Eure ) : Casimirs.

135 M. *Gensse-Duminy*, à Amiens (Somme) : Coupons de Casimir.

136. M. *Anne Veaute* et fils, à Castres ( Tarn ) : Casimirs.

137. M. *Guibal* jeune, à Castres (Tarn) : Casimirs.

138. M. *Martin Thyss*, à Buhl (Haut-Rhin) : Casimirs.

139. M. *Jobert-Lucas*, à Reims (Marne) : Casimirs.

140. MM. *Bridier* frères, à Sedan (Ardennes) : Casimir.

141. M. *Lemoine-Desmares*, à Sedan (Ardennes) : Casimir.

142. MM. *Bacot* père et fils, à Sedan (Ardennes) : Casimirs.

143. M. *Derodé-Géruzet*, à Reims (Marne) : Casimirs.

144. MM. *Baligot* père et fils, à Reims (Marne) : Casimir.

145. M. *Sirac* et compagnie, à Montauban (Tarn-et-Garonne) : Échantillons de Casimir.

146. M. *Olombel* père et fils, à Mazamet (Tarn) : Casimir.

147. M. *Senemand*, de Limoges (Haute-Vienne) : Échantillons de Flanelle rayée.

148. MM. *Palangié* et *Glandy*, de Saint-Geniez (Aveyron) : Étoffes de laine; Tapis de table.

149. M. *Recoules*, de Rodez (Aveyron) : Tricot de laine.

150. M. *Salès* cadet, de Rodez (Aveyron) : Cadis de laine.

151. M. *Giraud*, de Saint-Geniez (Aveyron) : Cadis et Escot de laine.

152. M. *Couret* fils, de Saint-Geniez (Aveyron) : Cadis pour la troupe.

153. MM. *Thédenat* et *Muret*, de Saint-Geniez (Aveyron) : Étoffes de laine.

154. M. *Solanet*, de Saint-Geniez ( Aveyron ) : Étoffes de laine.

155. M. *Couret* fils aîné, de Saint-Geniez ( Aveyron ) : Étoffes de laine.

156. M. *Talon* fils aîné, de Saint-Geniez ( Aveyron ) : Ratine.

157. M. *Dupré* ainé, de Saint-Geniez ( Aveyron ) : Étoffes de laine.

158. M. *Dominique Turq*, de Rodez ( Aveyron ) : Étoffes diverses de laine.

159. M. *Dardié*, de Saint-Affrique ( Aveyron ) : Étoffes de laine.

160. M. *Flaudry*, à Pamiers ( Ariége ) : Échantillons de Ségoviane blanche.

161. MM. *Maury* jeunes, à Sainte-Croix ( Ariége ) : Échantillons de Ségovianes et Droguets.

162. M. *Victor Charpentier*, à Saint-Aubin-du-Themiey ( Eure ) : Échantillons de Froc beige.

163. M.^me veuve *Cally-Grandvallée*, à Lisieux (Calvados) : Coupons de drap dit *Froc*.

164. M. *Boursin*, à Lisieux ( Calvados ) : Coupons de drap dit *Froc*.

165. M. *Nasse-Dubois*, à Lisieux ( Calvados ) : Coupon de drap dit *Froc*.

166. M. *Tirel*, à Blon, près Vire ( Calvados ) : Échantillons de Siamoise.

167. M. *Godefroy*, à Caen ( Calvados ) : Gants et Schalls angora.

168. M. *Seivin*, à Lusignan ( Vienne ) : Échantillon de Raz de Lusignan.

169. MM. *Assy-Guerin* fils et *Givelet*, à Reims (Marne) : Échantillons d'Étoffes de laine.

170. MM. *Baligot* père et fils, à Reims (Marne) : Bluteaux de laine pour passer les farines ; Gazes pour tamiser les farines.

171. M. *Baligot (Remy)*, à Reims (Marne) : Échantillons de différentes Étoffes.

172. M. *Lemaître*, au Mans (Sarthe) : Burats-mérinos, Étamine.

173. M.<sup>me</sup> veuve *Couderc*, à Villefort (Lozère) : Échantillons de Cadis.

174. M. *Beauvais*, de Laval (Mayenne) : Cadis royal noir, Raz de castor, Peluche, Espagnolette.

175. M. *Charnier*, à Gap (Hautes-Alpes) : Échantillons de Cadis et Burat.

176. M. *Philippe François*, à Gap (Hautes-Alpes) : Échantillons de Cadis.

177. *Pierre Mély*, à Mende (Lozère) : Coupons Escot, Estamier, Fantaisie, Serge et Tricot.

178. MM. *Lacaze* et *Brau*, à Ansisheim, vallée d'Aure (Hautes-Pyrénées) : Échantillons de Cadis.

179. M. *Dolley*, à Saint-Lô (Manche) : Échantillons de Droguet, Finette, Viginie, rayé.

180. MM. *Lagravère* et compagnie, à Montauban (Tarn-et-Garonne) : Échantillons de Cadis gris sur gris.

181. M. *Guillemet*, à Nantes (Loire-Inférieure) : Flanelle et Coutil sur laine.

182. M. *Magallon*, à Gap (Hautes-Alpes) : Échantillons de Cadis.

183. M. *Philippe ( Jean-Jacques )*, à Gap (Hautes-Alpes) : Échantillons de Cadis.

184. MM. *Rivier* et *Morel*, à Embrun (Hautes-Alpes) : Cadis.

185. M. *Jaussaud*, à Gap (Hautes-Alpes) : Échantillons de Cadis.

186. M. *Roubaud*, à la Roque-Brussane (Var) : Échantillons d'Étoffe de laine.

187. M. *Favreau*, rue Simon-le-Franc, n.° 13, à Paris ; Robes et Jupon en tricot sans envers.

188. MM. *Petit - Jean* et compagnie, de Montataire (Oise) ; Tissus et Fils de cachemire.

189. MM. *Didelot-Perrin* et *Didelot-Regnoux*, à Vassy (Haute-Marne) : Échantillons d'étoffes dites *Tiretaines*.

190. M. *Simon Lachaume*, à Saint-Mexant (Deux-Sèvres) : Serge.

191. M. *Carucé* frères, à Albi (Tarn) : Siamoise et Tricot de laine blanche.

193. M. *Houdouard-Detrey*, à Besançon (Doubs) : Tricot et Gilet à toison.

194. M. *Froment*, à Rhétel (Ardennes) : Tissu mérinos renforcé.

195. M. *d'Autremont*, à Villepreux ( Seine-et-Oise) : Schall tissu mérinos écru.

196. M. *Fages*, à Carcassonne ( Aude ) : Échantillons Tissus mérinos.

197. M. *Lhéritier-Texier*, à Château-Renaud ( Indre-et-Loire ) : Échantillons de Tissus de laine.

198. M. *Allouard*, à Beaulieu ( Indre-et-Loire ) : Échantillons de Tissus de laine.

199. M. *Jahau-Lhéritier*, à Château-Renaud ( Indre-et-Loire ) : Échantillons de Tissus de laine.

200. M. *Renard-Lhéritier*, à Château-Renaud ( Indre-et-Loire ) ; Échantillons de Tissus de laine.

201. M. *Jobert-Lucas*, à Reims ( Marne ) : Schalls cachemire, dessins français et dessins de l'Inde.

202. MM. *Dufour* frères, à Saint-Quentin ( Aisne ) : Schalls de laine.

203. M. *Lagorce*, rue des Fossés-Montmartre, n.° 16, à Paris : Schalls.

204. M. *Limage-Pinson*, rue du Faubourg-du-Temple, n.° 28, à Paris : Schalls.

205. MM. *Hindenlang* père et fils, rue des Fossés-Montmartre, n.° 21 : Cachemires filés, soufrés, et une Carte d'échantillons.

206. MM. *Hébert* et compagnie, rue Saint-Denis, n.° 74, à Paris : Schalls.

207. M. *Channebot*, rue Neuve-Saint-Eustache, n.° 8, à Paris : Schalls.

208. M. *Simons*, rue Notre-Dame-des-Victoires, n.° 9, à Paris : Cachemires et coupons de Cachemires;

209. M. *Bauson*, rue de Montreuil, n.° 85, faubourg Saint-Antoine, à Paris : plusieurs Schalls cachemire.

210. M. *Loffet* boulevart de l'Hôpital, n.° 22, à Paris : Schalls mérinos imprimés.

211. M. *Marcotte-Genlis*, port de l'Hôpital, n.° 35, à Paris : Echantillons de Laines mérinos, et de Laines métis en suint et en blanc.

212. M. *Baligot (Remi)*, de Reims (Marne) : Casimirs ; Flanelles ; Étoffes à gilets de tous genres ; Toilinettes ; Poil de chèvre, &c. &c.

213. M. *Dassié*, à Revel (Haute-Garonne) : Coupons d'étoffe dite *Sargue sur fantaisie*.

214. M. *Houdouard-Détrey*, marchand bonnetier, rue de Seine, n.° 70 : une Pièce de Tricot à toison ; un Gilet *idem*.

215. M. *Laurent Morand*, à Amiens (Somme) : Échantillons de Velours d'Utrecht.

216. M. *Delahaye-Pisson*, à Amiens (Somme) : Échantillons de Velours d'Utrecht.

217. MM. *Leprince* et *Massiac*, à Amiens (Somme) : Échantillons de Velours d'Utrecht.

218. M. *Boursin*, à Lisieux (Calvados) : Coupons de Molleton.

219. M. *Wattier*, à Lisieux (Calvados) : Couvertures pour les chevaux ; Bourre et Poil de bœuf.

220. MM. *Baligot* père et fils, à Reims (Marne) : Flanelle.

221. M.                         (Mayenne) : Flanelle ; Bayette.

222. M. *Champigneulle*, à Metz (Moselle) : Échantillons de Flanelle.

223. M. *François Plarr*, à Strasbourg (Bas-Rhin) : Échantillons de Flanelles imprimées, et un échantillon de Flanelle de Saxe pour comparer.

224. M. *Toutain* l'aîné, à Bray, canton de Beaumont (Eure) : Molleton blanc et écru.

225. M. *Benjamin Calender*, à Orléans (Loiret) : Hamacs imperméables ; Couvertures ; Tapis de pied ; échantillons de Flanelle et Cotonnades rayées.

226. M. *Perrier* fils , rue         à Paris : Couvertures de laine.

227. M. *Zoé Granier*, à Montpellier ( Hérault ) : Couvertures.

228. M. *Guibal* jeune, à Castres ( Tarn ) : Flanelle et Molleton.

229. M. *Boy* fils, à Rennes ( Ille-et-Vilaine ) : Flanelle commune.

230. M. *Jobert-Lucas*, à Reims ( Marne ) : Flanelle et échantillon de la Laine qui a servi à sa fabrication.

231. M.^me veuve *Henriot* l'aîné, à Reims ( Marne ) : Coupons de Flanelle.

232. M. *Godart-Menesson*, à Reims ( Marne ) : Flanelle.

233. M. *Henriot* frère , sœur et compagnie, à Reims ( Marne ) : Flanelle.

234. M. *Jobert-Lucas*, à Reims ( Marne ) : Toilinette brochée et coupe de Gilets.

235. M. *Cosnard*, à Saint-Lô ( Manche ) : Schall de laine du pays.

236. M. *Legrand-Lemor*, rue de Cléry, n.° 40 : Une pièce Tissu cachemire.

237. MM. *Guybert* et *Joliet*, rue de Fourcy, n.° 8 , à Paris : Médaillon d'étoffe de crin.

B

238. M.me veuve *Gosset*, à Gavray ( Manche) : Echantillons de Toile de crin.

239. M. *Sorel*, à Caen ( Calvados ) : Schalls , Écharpe , Jupon blanc et Bonnet en poil angora.

240. M.lle *Manceau* , rue Sainte - Avoie ; n.° 57, à Paris : Chapeaux français en tissu de soie imitant la paille d'Italie.

241. M. *Guichardière*, rue Saint-Jacques , n.° 178, à Paris : Chapellerie.

242. MM. *Loustau* et compagnie , rue Geoffroy-Langevin , n.° 4, à Paris : Chapeaux de soie.

243. MM. *Florentin Couyère* et compagnie, rue du Caire, n.° 9 , à Paris : Chapeaux de paille de riz.

244. M.                    de                    (Aube) : Chapeaux de paille blanche et jaune.

245. M.                    de                    (Aube ) : Echantillons de Paille.

246. M. *Brouilland* fils, de Limoges ( Haute-Vienne ) : Chapeau.

247. M. *Rous* aîné, de Rodez (Aveyron) : Schakos.

248. M. *Vian de Mourche*, de Marseille ( Bouches-du-Rhône ) : Chapellerie.

249. M.      à Saint-Loup ( Haute-Saone ) : Chapeaux de paille ( fabrication faite par trois ou quatre cents enfans ).

250. M. *Couyère*, à Caen (Calvados) : Filets et chapeaux de bois de saule ; échantillon de ce Bois.

251. M. *Allemand*, à Gap (Hautes-Alpes) : Échantillon de Chapellerie , un Chapeau gris fin.

252. MM. *Chenard*, père et fils, à Lyon (Rhône) : Chapeau.

253. M. *Dormois*, à Toulouse (Haute-Garonne) : Chapeaux.

254. M. *Maurisier*, à Pignans (Var) : Chapeau agnelin.

255. M. *Milcent Shère Keubieck*, à Rouen (Seine-Inférieure) : Chapeau de coton.

256. M. *Poujal*, à Albi (Tarn) : un Chapeau.

257. M. *Lautier* aîné, à Albi (Tarn) : un Chapeau.

258. M. *Lauche ( Antoine )*, à Montpellier (Hérault) : Chapeau gris.

259. M. *Masclet*, à Montpellier (Hérault) : Chapeaux noirs.

260. M. *Lamorte*, à Gap (Hautes-Alpes) : Échantillon de Feutre pour chapeaux.

261. M. *Guichard*, à Gap (Hautes-Alpes) : Échantillons de feutre pour chapellerie.

262. M. *Delonchant*, rue Castiglione, n.º 6, à Paris : Chapellerie.

263. M. *Audibert*, de Tonilles (Bouches-du-Rhône) : Soie et Cocons provenant de graines de la Chine.

264. M. *Pascal Eymieu*, de Saillans (Drôme) : Soies filées.

265. M. *Noaille* fils ( *Jean-Joseph* ), de Saint-Remy (Bouches-du-Rhône) : Soie blanchie de sa filature.

266. M. *Brest* fils, de Roquevaire (Bouches-du-Rhône) : Soie grège.

267. M. *Cremière-Jeuffrain*, à Tours (Indre-et-Loire) : Soie torse.

268. MM. *Bernard* frères, à Draguignan (Var) : Soie organsinée.

269. M. *Noël Champoiseau*, à Tours (Indre-et-Loire) : Soie filée.

270. M. *Lacombe-Lalauze*, à l'Argentière (Ardèche) : Mateau de soie.

271. M. *Guillaume Derbost*, à l'Argentière (Ardèche) : Mateau de soie.

272. M. *Demontès*, à Privas (Ardèche) : Mateau de soie.

273. M. *Gamet (Jean-François)*, à Privas (Ardèche) : Mateau de soie.

274. M. *Bodin* , à Saint-Donat (Drôme) : Échantillons de Soies.

275. M. *Delacour*, à Tains (Drôme) : Soie.

276. M. *Eymieu*, à Saillans (Drôme) : Soie filée.

277. M. *Guiraudet-Plantier* , à Alais (Gard) : Soies.

278. MM. *Percie* et *Charrat*, à Bonlieu (Ardèche) : Soie blanchie de la Chine.

279. M. *Poidebard*, à Lyon (Rhône) : Échevettes de soie blanche de la Chine.

280. MM. *Bonnard* père et fils, à Lyon (Rhône) : Échevettes de Soie blanche.

281. MM. *Chartron* père et fils, à Saint-Vallier (Drôme) : Échantillons de Soie grège.

282. MM. *Baron* frères, à Nîmes (Gard) : Soie filée.

283. M. *Chauvelot*, à Dijon (Côte-d'Or) : Bourre de soie.

284. M. *Lafarge*, à Privas (Ardèche) : Mateaux de Soie organsinée; Flottes de Soie grège.

285. M. *Vallard* père, à Moulins (Allier) : Écheveau de Soie grège blanche.

286. M.<sup>me</sup> la marquise *de Villeneuve*, à Valbourgès (Var) : Échantillons de Soie grège.

287. M. *Chambon*, d'Alais (Gard) : dix Écheveaux de Soie blanche et jaune.

288. MM. *Maillé* père et fils, à Lyon (Rhône) : Échantillons de Velours de soie ; échantillons de Satin.

289. MM. *Seguin* père et fils, à Lyon (Rhône) : Échantillons de Tissus en velours ; Étoffes or, argent et soie.

290. M. *Bouvard* et compagnie, à Lyon (Rhône) : Tissu fond or pour ornemens d'église.

291. M. *Guérin-Philippon*, à Lyon (Rhône) : Satin et Velours.

292. M. *Cabane*, à Nîmes (Gard) : Mouchoirs, Écharpes en soie.

293. M. *Jean Noël*, à Nîmes (Gard) : Schalls chinés.

294. MM. *Cruviellier* et *Darboux*, à Nîmes (Gard) : Schalls, Écharpes et Robes en soie.

295. M. *Pillet* aîné, à Tours (Indre-et-Loire) : Échantillons d'Étoffes de soie diverses.

296. M. *Grand (Amable)*, à Lyon (Rhône) : Un Schall 5/4 imitant le cachemire.

297. M. *Couchonnat* et compagnie, à Lyon (Rhône) : Schall en satin, Schall en bourre de soie ; deux échantillons de Bordures.

298. M. *Roux-Carbonnel*, à Nîmes (Gard) : Mouchoirs, Schall tissu en bourre de soie.

299. M. *Perdereau*, à Tours (Indre-et-Loire) : Échantillons de Soie teinte.

300. M. *Despouilly*, à Lyon ( Rhône ) : Robe crêpe de Chine, Schalls bourre de soie; échantillons de Soieries.

301. M. *Ajac*, à Lyon ( Rhône ) : Schalls , et coupons d'Étoffes de soie.

302. M. *Beauvais* et compagnie, à Lyon ( Rhône ): Étoffes de soie; Manchon en peluche imitant la fourrure.

303. M. *Chuard*, à Lyon (Rhône) : Échantillons d'Étoffes de soie pour tentures.

304. MM. *Bellangé* et *Dumas-Descombes*, rue Sainte-Apolline, n.° 13, à Paris. — Gazes de soie; Schalls et Robes en bourre de soie ; *idem* en soie et laine ; Schalls soie et cachemire; *idem*, chaîne et trame cachemire. — Le blanchissage et l'apprêt sont de la maison *Joseph Arnaud* et *Berthoud*.

305. M. *Cremière-Jeuffrain* , à Tours ( Indre-et-Loire ) : Étoffes de soie unie.

306. M. *Mingeaud*, de Marseille ( Bouches-du-Rhône ): Tissus soie et cheveux.

307. M. *Jean Richard*, de Nîmes ( Gard ) : Tissus de soie veloutés, à mouche.

308. MM. *Roux-Ollat* et *Dewernay*, à Lyon ( Rhône ): Peluche de soie et Plumes de soie.

309. MM. *Rouvière* et *Gaussent*, de Nîmes ( Gard ) : Mouchoirs de soie propres à la consommation du Levant.

310. M.^mc veuve *Monterrad*, à Lyon ( Rhône ) : Étoffes fond soie et filoselle, et fond laine, avec ornemens et couleurs, pour meubles.

311. M. *Frédéric Pillet*, à Tours ( Indre-et-Loire ) : Échantillons d'Étoffes de soie diverses.

312. M. *Meynard* cadet, à Nîmes ( Gard ) : Étoffes veloutées.

313. M. *Marion Mathieu*, à Nîmes ( Gard ) : Sicilienne pour robe ; Serge en fleuret pour meuble.

314. M. *Rouvier*, à Nîmes ( Gard ) : Échantillons d'Étoffes dites *Bourettes*.

315. MM. *Foussard*, *Patu* et *Philipon*, à Nîmes (Gard) : Couvre-pied représentant une mosaïque.

316. MM. *Grand* frères, à Lyon ( Rhône ) : Étoffes riches et Broderies en tout genre pour ameublemens ; Schalls bourre de soie, façon cachemire.

317. MM. *Michault* et *Dutrou*, rue Saint-Denis, n.° 345 : Cadre d'échantillons de Rubans moirés.

318. MM. *Vignat* et *Dumarest*, à Saint-Étienne (Loire) : Échantillons de Rubans.

319. M. *Vuidecoq*, à Abbeville ( Somme ) : Toiles de soie pour tamis.

320. MM. *Bonnard* père et fils, à Lyon (Rhône) : Pièce de Tulle.

321. M. *Chedaux*, à Metz ( Moselle ) : Une Robe en tulle.

322. M. *Dervieux*, à Saint-Étienne ( Loire ) : Tulle fond de dentelles.

323. MM. *Chartron* père et fils, à Saint-Vallier ( Drôme) : Crêpes et Organsins.

324. M. *Lehoult*, à Saint-Quentin ( Aisne ) : Gaze et Fantaisie.

325. MM. *Banse* et *Rast Maupas*, à Lyon (Rhône) : Une pièce de Crêpe blanc.

326. M.^me *Poupart*, institutrice, rue neuve Saint-Étienne, n.° 8 , à Paris : Cadre de Broderie en soie.

327. M. *Laclotte*, rue                 à Paris : Collection de Papillons brodés en soie.

328. M.^lle *Cavaroz*, rue neuve Saint-Eustache, n.° 35 , à Paris : Broderies sur tulle en papier gaufré ; Chapeaux pour homme et femme et Gilet en étoffe de papier.

329. M. *Chenut* et compagnie, de Nanci (Meurthe) : Broderies sur tulle et mousseline.

330. M. *Cremière-Jeuffrain*, à Tours (Indre-et-Loire) : Galons et Franges de soie ; écheveaux de Soie torse à coudre et à piquer.

331. M. *Jacobi le Sourd*, à Tours (Indre-et-Loire) : Bourre de soie.

332. M.^me la marquise *d'Argence*, boulevart des Invalides, n.° 29 : un Cadre contenant des échantillons de Dentelles et de Fil pour leur fabrication.

333. M.^me *Jean Delamarre*, de Bayeux (Calvados) : Échantillons de Dentelles.

334. M. *Lepeton*, de Bayeux (Calvados) : Dentelles.

335. M. *le Boulanger*, de Bayeux (Calvados) : Dentelles et Tulles.

336. M. *de Bonnaire (Jean-Baptiste)* et compagnie, de Caen (Calvados) : Échantillons de Dentelles.

337. M. *Jean-Baptiste Bonnaire*, de Caen (Calvados) : Cadres d'échantillons de Dentelles.

338. MM. *Moreau* et fils, de Chantilly (Oise) : Dentelles.

339. M. *Lequeux-Fourdin*, de Douai (Nord) : Échantillons de Dentelles.

340. M. *Thomassin-Corbitt*, de Douai (Nord) : Voiles et Garnitures de robes en dentelles.

341. M. *Docagne*, d'Alençon (Orne) : Dentelles point d'Alençon.

342. M. *Huvet*, de Bayeux (Calvados) : Dentelles et Tulles.

343. M.^me *Michel*, à Saint-Lô (Manche) : Échantillons de Dentelles.

344. *Manufacture de Valognes* (Manche) : Échantillons de Dentelles.

345. M.^me *Delarochette*, à Châtellerault (Vienne) : Dentelle imitant la Malines.

346. M. *Cremière-Cornay*, à Loudun (Vienne) : Dentelle commune.

347. M. *Assezat*, au Puy (Haute-Loire) : Échantillons de Dentelle noire.

348. M. *Remi Carette*, à Arras (Pas-de-Calais) : Échantillons de Dentelles.

349. M. *Leblond (Pierre)* et *Lange*, de Caen (Calvados) : Dentelles et Blondes; Voiles, Schalls, Pélerines et autres objets. Le dépôt est rue des Fossés-Montmartre, n.° 6.

350. M. *Declanlieux*, rue Saint-Victor, n.° 49, à Paris : Échantillons de fil, laine et soie, filés par ses machines.

351. M. *Benjamin Calender*, à Orléans (Loiret) : Échantillons de Fil de lin.

352. *Maison de détention*, à Beaulieu (Calvados) : Lin indigène et étranger et Chanvre filés et préparés par la machine *Christian*.

353. MM. *Grouselle-Faucheux* et *Savreux-Fiévée*, à Nou-
vion ( Aisne ) : Fil retors pour dentelles.

354. M. *Gautier*, à Longny ( Orne ) : Échantillons de Lin
filé, dont un blanchi.

355. M. *Gouy*, à Rouen ( Seine-Inférieure ) : Échantillons
de Fil de lin.

356. M. *Adeline* fils, à Malaunay près Rouen ( Seine-
Inférieure ) : Fil de lin.

357. M. *Lepers*, à Valenciennes ( Nord ) : Fil de lin.

358. M. *Donadei*, à Grasse ( Var ) : Chanvre et Lin.

359. M. *Hazard*, à Valenciennes ( Nord ) : Fil.

360. M.                           à                       ( Mayenne ) :
Filasse.

361. M. *Godart*, mécanicien, à Amiens ( Somme ) : Fil de
caret, Lin serancé, Étoupes serancées, Étoupes
pour rubans serancés.

362. M. *Pierrot*, à Reims ( Marne ) : Cordages.

363. M. *Colin*, à Châlons ( Marne ) : Cordages et Surfaix.

364. M. *Durécu*, au Havre ( Seine-Inférieure ) : Cordages.

365. M. *Milliet-Choquet*, à Moulins ( Allier ) : Corderie.

366. M. *Quetier*, à Corbeil ( Seine-et-Oise ) : Bouts de
Tuyaux sans couture, en fil de chanvre et lin.

367. M. *Furet-Laboulaye*, à Lieurey ( Eure ) : Coutil,
Sangle.

368. M. *Escada* fils, à Agen ( Lot-et-Garonne ) : Tuyau
de fil sans couture.

369. MM. *Joubert-Bonnaire* père et fils, *Giraud* et compagnie, à Angers ( Maine-et-Loire ) : Toiles à
voiles pour la marine marchande ; Toiles façon
de Hollande et de Russie.

370. MM. *Gau* frères, à Strasbourg (Bas-Rhin) : Échantillons de Toiles à voiles.

371. M. *Morice-Dulerain*, à Rennes (Ille-et-Vilaine) : Échantillons de Toiles à voiles.

372. M. *le Boucher-Villegandin*, à Rennes (Ille-et-Vilaine) : Échantillons de Toiles à voiles ; pelotons de Fil blanc.

373. M. *Palfresne*, à Gentilly (Seine) : Mouchoirs en fil de lin.

374. M. *Pierre Bègue*, de Pau (Basses-Pyrénées) : trois Services de table, de chacun douze couverts ; Mouchoirs.

375. M. *Caron-Langlois*, de Beauvais (Oise) : Toiles demi-Hollande.

376. M. *Grégoire Langlois*, d'Orbec (Calvados) : Fil de lin.

377. M.                    à                    (Mayenne) : Mouchoirs.

378. M.                    à                    (Mayenne) : Mouchoirs.

379. M.                    à                    (Mayenne) : Mouchoirs écrus.

380. M.                    à                    (Mayenne) : Mouchoirs.

381. MM. *Carucé* frères, à Albi (Tarn) : Toile.

382. M. *Pluchart-Brabant*, à Saint-Quentin (Aisne) : Batiste blanchie par le procédé *Bertholien*.

383. M. *Lehoult*, à Saint-Quentin (Aisne) : Batiste.

384. M. *Hazard*, à Valenciennes (Nord) : Batiste écrue.

385. M. *Edmond Hamoir*, à Valenciennes (Nord) : Batiste.

386. MM. *Rivier* et *Maurel*, à Embrun ( Hautes-Alpes) : Échantillon de Toile rousse.

387. M. *Boy* fils , à Rennes ( Ille-et-Vilaine ) : Toiles de couleurs pour chemises de marins et autres.

388. M. *Thorné*, à Gap ( Hautes - Alpes ) : Échantillons de Toiles rousses et Fil.

389. M.                     à                     ( Mayenne ) : Mouchoirs.

390. M.                     à                     ( Mayenne ) : Toile écrue.

391. M.                     à                     ( Mayenne ) : Toile.

392. M. *Nogues*, à Rohan ( Morbihan ) : Échantillons de Toile.

393. M. *Clarisse-Piat*, à Merville ( Nord ) : Serviettes écrues.

394. M. *Thorel*, à Lisieux ( Calvados ) : Échantillons de Toile cretonne.

395. M. *Lemeneur*, à Vimoutiers ( Orne ) : Échantillons de Toile cretonne.

396. M. *Yver*, à Vimoutiers ( Orne ) : Échantillons de Toile cretonne.

397. M. *Ridel ( François )*, à Crouptes ( Orne ) : Échantillons de Toile cretonne.

398. M. *Delisle* fils, à Vimoutiers ( Orne ) : Echantillon de Toile cretonne.

399. M. *Moulin*, à Vimoutiers ( Orne ) : Échantillons de Toile cretonne.

400. M. *Daguin*, à Vimoutiers ( Orne ) : Échantillons de Toile cretonne.

401. M.                  à                  (Mayenne) : Toiles écrues, teintes ; Toiles blanches, Toiles damassées.

402. M.                  à                  ( Mayenne ) : Serviettes, Nappes.

403. M.                  à                  ( Mayenne ) : Toile.

404. M.                  à                  ( Mayenne ) : Tôile écrue.

405. M. *Couture-Dubuisson*, à Vimoutiers (Orne) : Échantillon de Toile cretonne.

406. M. *Dolé* fils, à Saint - Quentin ( Aisne ) : Linge de table.

407. M. *H. F. Pelletier*, à Saint-Quentin ( Aisne ) : Serviettes fil de lin.

408. M. *Lehoult*, à Saint - Quentin ( Aisne ) : Linge de table.

409. M. *Benard (Robert)*, à Lisieux ( Calvados ): Échantillons de Toile cretonne.

410. M. *Benard (Nicolas)*, à Lisieux ( Calvados ) : Échantillons de Toile de cretonne.

411. M. *Toutain*, à Lisieux ( Calvados ) : Échantillons de Toile cretonne.

412. M. *Bordeaux-Fournet*, à Lisieux ( Calvados ) : Échantillons de Toile cretonne.

413. M. *Heussy* frères, de Montbéliard ( Doubs ) : Une coupe de Linge damassé écrue ; une *idem* blanche ; une *idem* à fleurs, écrue.

414. M. *Bouley-Fresnel*, à                  ( Eure ) : Ruban de fil.

415. M. *Callet*, à Hallencourt ( Somme ) : Toiles à matelas.

416. M. *Adrien Thironin*, à Évreux ( Eure ) : Echantillons de Coutils.

417. M. *Lechevrel*, à la Lande-Patry ( Orne ) : Échantillons de Coutils.

418. M. *Février*, à Montibourg ( Manche ) : Échantillons de Coutils.

419. M. *Dolley*, à Saint-Lô ( Manche ) : Échantillons de Coutils.

420. M. *Martin Martinière*, à Coutances ( Manche ) : Échantillons de Coutils.

421. M. *Perjeaux*, à Montibourg ( Manche ) : Échantillons de Coutils.

422. M. *Médard*, à Montibourg ( Manche ) : Échantillons de coutils.

423. M. *Colombel*, à Claville ( Eure ) : Coutils.

424. MM. *Dâpres* et *Aumont*, à l'Aigle ( Orne ) : Échantillons de Lacets.

425. M. *Reynaud*, à Saint-Malo ( Ille-et-Vilaine ) : Échantillons de Seines ou Filets, et Lignes de pêche de la morue.

426. M. *Murie*, à Vire ( Calvados ) : Réseaux de fil à perruquier.

427. M. *Lemaître*, au Mans ( Sarthe ) : Étoffe nouvelle dite *Linette*.

428. M. *Tardif* fils aîné et sœurs, à Bayeux ( Calvados ) : Robe, Toile, Bonnets en tulle de fil ; coupons en Tulle à dents.

429. MM. *Bonnard*, *P. F. J. Nepple*, rue de la Grande-Truanderie, n.º 54, à Paris : Un Réseau en fil de lin imitant la dentelle.

430. M. *Chamber-Bourdillon*, rue                    : Cotons
à coudre.

431. MM. *Gombert* père, fils et *Michelez*, rue et barrière
de Sèvres n.° 11, à Paris : Cotons à coudre.

432. M. *Doyen*, rue Sainte-Avoie, n.° 47 : Échantillons
de Coton filé.

433. MM. *Pélissier*, *Guignon* et compagnie, de
. (Bouches-du-Rhône) : Cotons filés.

434. M. *Carlos Florin*, de Roubaix (Nord) : Cotons filés.

435. M. *Corneille Polet*, de Lille ( Nord ) : Cotons
filés.

436. MM. *Constantin* frères, de Limoges ( Haute -
Vienne ) : Coton filé.

437. M. *Grégoire Langlois*, d'Orbec (Calvados) : Coton
filé.

438. M. *Madeline* le jeune, de Condé-sur-Noireau
( Calvados ) : Coton filé.

439. M.^me veuve *Bazin-Duclos*, de Condé-sur-Noireau
(Calvados) : Coton filé.

440. M. *Delaferté* jeune, de Condé-sur-Noireau ( Calvados ) : Coton filé.

441. M. *Basin - Busson*, de Condé-sur-Noireau ( Calvados) : Coton filé.

442. M. *Baudoin*, de Troyes (Aube) : Coton filé.

443. MM. *Truelle* frères, de Troyes (Aube) : Coton filé.

444. M. *Dupont-Boilletot*, de                    (Aube) :
Coton filé.

445. M. *Lecordier*, à Aunay (Calvados) : Cotons filés
pour chaîne et trame.

446. M. *Charles Fiévet*, de Lille ( Nord ) : Coton filé.

447. M. *Lehoult*, à Versailles ( Seine-et-Oise ) : Coton filé.

448. MM. *Marmod* frères, à Domèvre ( Meurthe ) : Échantillons de Cotons filés.

449. M. *Meslier*, à Vire ( Calvados ) : Fil à chandelle écru et blanchi.

450. M. *Lebailly* fils, à Falaise ( Calvados ) : un Bonnet de coton de Bengale, filé à la mécanique ; échantillons du même Coton.

451. MM. *Schlumberger* et *Hergog*, à Logerbach ( Haut-Rhin ) : Coton filé.

452. M. *Lehoult*, à Saint-Quentin (Aisne) : Coton filé.

453. MM. *Dollfus, Mieg* et compagnie, à Mulhausen ( Haut-Rhin ) : Coton filé.

454. MM. *Arpin* et fils, à Saint-Quentin ( Aisne ) : Coton filé.

455. M. *Adeline*, à Saleux ( Somme ) : Échantillons de Coton filé.

456. MM. *Gros-Davillier, Roman* et compagnie, à Wesserling ( Haut-Rhin ) : Échantillons de Coton filé.

457. MM. *Schlumberger* et compagnie, à Mulhausen ( Haut-Rhin ) : Coton filé.

458. M. *Fortier*, à Évreux ( Eure ) : Coton filé.

459. MM. *Davillier, Lombard* et compagnie, à Gisors ( Eure ); dépôt chez MM. *J.-Ch. Davillier* et compagnie, rue basse du Rampart, n.° 16, à Paris : Coton filé, trame et chaîne, n.° 15 ; 650 aunes à 194.

460. M. *Mourgue*, à Rouval (Somme) : Coton filé.

461. MM. *Jacques Fauquet* frères, à Bolbec (Seine-Inférieure) : Cotons filés.

462. MM. *Jacques Lemaître* et fils, à Bolbec (Seine-Inférieure) : Cotons filés.

493. M. *Jacques Levavasseur*, à Rouen (Seine-Inférieure) : Cotons filés.

464. M. *Adeline* fils, à Malaunay près Rouen (Seine-Inférieure) : Cotons filés.

465. M. *Guillaume Desmarets* le jeune, à Bapaume (Seine-Inférieure) : Cotons filés.

466. M. *Dolley*, à Saint-Lô (Manche) : Coton filé.

467. M. *J.-B. Moinet*, à Pont-de-Metz (Somme) : Coton filé.

468. M. *Deltuf*, à la Ferté-Aleps (Seine-et-Oise) : Coton filé.

469. M. *Sellier*, à Goneville (Manche) : Coton filé.

470. M. *Fontenillat*, au Vast (Manche) : Coton filé.

471. M. *Henri Parciot*, à Bar-le-Duc (Meuse) : Cotons filés.

472. MM. *Peugeot* frères, à Hérimoncourt (Doubs) : Cotons filés.

473. M. *Thevenot*, à Moyrans (Jura) : Échantillons de Cotons filés.

474. *La Manufacture de Saint-Maurice*, à Sennones (Vosges) : Échantillons de Cotons filés.

475. *La Fabrique de Charité*, à Vannes (Morbihan) : Échantillons de Cotons filés.

476. M. *Lambert*, à Lille (Nord) : Coton filé.

C

477. M. *Mille (Auguste)*, à Lille ( Nord ) : Coton filé.

478. *Grivel*, à Auchy-les-Moines (Pas-de-Calais) : Échantillon de Coton filé.

479. M. *Plohais*, à Toulouse ( Haute-Garonne ) : Coton filé.

480. M. *Marquet*, rue de la Roquette, n.° 70 : Coton filé.

481. M. *Lepelletier*, rue de Reuilly , n.° 39 : Coton filé.

482. MM. *Aubraye* frères , de Condé-sur-Noireau ( Calvados ) : Calicot écru.

483. M. *Dulud* père , de Carlepont ( Oise ) : Calicot écru.

484. M. *Martel*, de Clermont ( Oise ) : Calicot.

485. MM. *Perregaux* et *Robin*, de Bourgoing ( Isère ) : Schalls de mousseline commune.

486. M. *le Cordier*, à Aunay ( Calvados ) : Calicot.

487. MM. *Clérambault* et *Lecoq*, à Alencon ( Orne ) : Échantillons de Mousseline.

488. M. *Huguenin* l'aîné , de Mulhausen ( Haut-Rhin ) : Une pièce de Toile de coton blanche.

489. M. *Huguenin* l'aîné , à Mulhausen ( Haut-Rhin ) : Calicots blancs.

490. M. *Bleriot*, à Villers-Faucon ( Somme ) : Mousseline.

491. M. *Malezieux*, à Templeux ( Somme ) : Mousseline et Piqué.

492. M. *Bleuse*, à Epchy ( Somme ) : Une Robe de coton, dessin cachemire ; une Robe brochée à fleurs et palmettes.

493. M. *Mellier-Ribaucourt*, à Abbeville ( Somme ) : Percale.

494. M. *Chatoney-Leutner* et compagnie, à Tarare (Rhône): Échantillons de Mousseline, 21 pièces.

495. M. *Matagrin*, à Tarare ( Rhône ) : Sept échantillons de Mousselines unies et brodées.

496. M. *Fontenillat*, au Vast ( Manche ) : Coupons de Calicot.

497. M. *Calenge*, à Cerigny-la-Salle ( Manche ) : Échantillons de Calicot.

498. M. *Desjardins-Renoult*, à Séez ( Orne ) : Basins, Piqués, Calicots, Percale et Madapolen.

499. M. *Desurmont*, à Melun (Seine-et-Marne) : Étoffes de coton dites *Madapolen*.

500. M.                                      à
(Mayenne) : Calicot.

501. M.                                      à
( Mayenne ) : Calicots écrus.

502. M. *Viard*, à Rouen ( Seine-inférieure ) : Calicots.

503. M. *Ferdinand Ladrière*, au Cateau ( Nord ) : Percale.

504. MM. *Fauquet* frères, à Bolbec ( Seine-inférieure ) : Calicots.

505. MM. *Jacques Lemaître* et fils, à Bolbec ( Seine-inférieure ) : Calicots.

506. MM. *Duchesne* et *Tieulen*, à Ivetot ( Seine-inférieure ) : Calicots.

507. MM. *Prévost* et *Peuchet*, à Ivetot ( Seine-inférieure ) : Siamoise.

508. M. *Balbatre*, à Nancy ( Meurthe ) : Mousseline et Cravates de coton.

509. M. *Anquetil*, Place royale , n.° 1 2 : Une pièce de Piqué blanc, et une Carte-échantillon du même tissu.

510. M. *Dupont*, de       ( Aube ) : Tissus de coton.

511. M. *Bleuse*, à Epchy ( Somme ) : Linge de table damassé.

512. MM. *Cary* frères, à Épchy ( Somme ) : Serviettes en coton dites *à damier*, rosettes , &c; une Taie d'oreiller sans coutures.

513. M. *Lehoult*, à Saint-Quentin ( Aisne ) : Percale , Calicots et Basins.

514. MM. *Arpin* et fils, à Saint-Quentin ( Aisne ) : Calicots, Percales , Fantaisies, Gazes, Mousselines et Basins.

515. M. *Frédéric Arpin*, à Saint - Quentin ( Aisne ) : Échantillons de Tissus écossais, Calicots, Percales, Piqués, Basins, Objets de modes et Mouchoirs de madras.

516. M. *Revel*, à Flers-Canton ( Somme ) : Calicot.

517. M. *Caille*, à Roisel ( Somme ) : Calicot et Basin.

518. M. *Boulanger*, à Péronne ( Somme ) : Calicots.

519. M. *Godefroy*, à Rouen ( Seine - inférieure ) : Calicots.

520. M. *Vandermerch*, à Royaumont ( Seine-et-Oise ) : Pièces de Basin, Oriental et Piqués.

521. M. *Jacques - Nicolas Thomas*, à Ivetot ( Seine-inférieure ) : Piqué.

522. M. *Guillemet*, à Nantes (Loire-Inférieure) : Échantillons de Basin blanc.

523. MM. *Thareau - Labrosse*, de Chollet ( Maine-et-Loire ) : Mouchoirs madras en coton et en coton et fil.

524. MM. *Farel* et fils, à Montpellier ( Hérault ) : Mouchoirs façon des Indes, Mouchoirs communs; échantillons de Toile de coton fond rouge.

525. M. *Verdier*, à Montpellier ( Hérault ) : Mouchoirs dits *Cotepali*.

526. M. *Hannotin-Geoffroy*, à Bar-le-Duc ( Meuse ) : Mouchoirs.

527. M. *Valat*, à Montpellier ( Hérault ) : Mouchoirs de coton.

528. M. *J. B. Thomas*, à Montpellier ( Hérault ) : Mouchoirs de coton.

529. M.^me veuve *Delloye* et fils, à Cambray ( Nord ) : Mouchoirs batiste façon de Madras.

530. MM. *Duclos* frères, à Amiens ( Somme ) : Échantillons de Velventine.

531. M. *Lacroix (Simon)*, à Amiens ( Somme ) : Échantillons doubles et simples de Velverette.

532. M. *Lecaron*, imprimeur à Amiens ( Somme ) : Velventine.

533. M. *J. B. Moinet*, à Pont-de-Metz ( Somme ) : Velventine écrue.

534. M.^lles *Roussel-Bloquet*, à Amiens ( Somme ) : Velventine.

535. M. *Herbet de Saint-Rignier*, à Amiens ( Somme ) : Echantillons de Velours non croisé.

536. M. *Despiau*, à Ham (Somme) : une Couverture poil de lapin et coton.

537. M. *Perrier* fils, rue : Couvertures de coton.

538. M. *Martorey*, à Tournus (Saone-et-Loire) : Couverture de coton.

539. M. *Berthé*, à Tournus (Saone-et-Loire) : Couverture de coton.

540. MM. *Bassecourt* et fils, à Tournus (Saone-et-Loire) : Couverture de coton.

541. MM. *Accary* frères, à Tournus (Saone-et-Loire) : Couverture de coton.

542. M. *Thibaut* aîné, à Tournus (Saone-et-Loire) : Couverture de coton.

543. M. *Pujol*, à Saint-Dié (Loir-et-Cher) : Couverture de coton ; échantillon de Molleton de coton.

544. M. *Chamber-Bourdillon*, rue : Tissus de coton.

545. M. *Gombert* père, rue et barrière de Sèvres, n.º 13 : Cotons à coudre.

546. M. *Delaferté* jeune, de Condé-sur-Noireau (Calvados) : Siamoise de coton.

547. M. *Lemoine*, de Condé-sur-Noireau (Calvados) : Étoffe de coton dite *Retors*.

548. M. *Robbline* jeune, de Condé-sur-Noireau (Calvados) : Reps de coton.

549. M.ᵐᵉ veuve *Pellier-Duverger*, de Condé-sur-Noireau (Calvados) : Reps, Siamoise, Retors en coton et Nankin.

550. MM. *Cesbron* fils, frères, de Chemillé (Maine-et-Loire) : Tissus de coton, Garats, Bafetas et Percales.

551. MM. *Chipoulet* et *Lacombe*, d'Albi (Tarn) : Étoffes et Toiles de coton.

552. MM. *Gaydet* et *Destombes*, de Roubaix (Nord) : Gilets fins de coton.

553. M. *Delrue-Florin*, de Roubaix (Nord) : Casimir de coton.

554. M. *Pierre Parent*, de Roubaix (Nord) : Gilets de coton.

555. M. *Lepoutre-Roussel*, de Roubaix (Nord) : Toilinettes de coton façonnées pour gilets.

556. *Roussel-Dazin*, de Roubaix (Nord) : Nankin et Casimir de coton.

557. M. *Cuvru de Surmont*, à Roubaix (Nord) : Prunelle de coton ou Nankin croisé.

558. M. *Ferdinand Ladrière*, au Catteau (Nord) : Étoffes de coton écrues et blanches.

559. M. *Lefournier-Lamotte*, de Condé-sur-Noireau (Calvados) : Étoffes de coton.

560. M. *Basin-Busson*, de Condé-sur-Noireau (Calvados) : Reps de coton.

561. M. *Boisne-Duchemin*, de Condé-sur-Noireau (Calvados) : Étoffes de coton.

562. M. *Hardy*, à Athis (Orne) : Échantillons de Reps et de Casimir gris.

563. M. *Toutain* aîné, à Bray, canton de Beaumont (Eure) : Échantillons de Cotonades, Basins, Toiles finettes.

564. M. *H. F. Pelletier*, à Saint-Quentin ( Aisne ) : Tissus de coton mélangés de lin ou laine.

565. M. *Petit-Jean*, à Tournus (Saone-et-Loire), une pièce de Cotonine dite *Printannière*.

566. M. *Millot-Monniaux*, à Vaux-sur-Blaise ( Haute-Marne) : Échantillons de Toile de coton.

567. M. *Leblanc* jeune, à Saint-Dizier (Haute-Marne) : Échantillons de Tissus de coton.

568. M. *Gambu-Delarue*, à Rouen ( Seine-Inférieure ) : Schalls, Rouenneries.

569. M. *Denis Lallemand*, à Rouen (Seine-Inférieure) : Schalls, Rouenneries.

570. M. *Sevenne (Édouard)*, à Rouen (Seine-Inférieure) : Piqués, Turquoises, Satins.

571. MM. *Beaudouin* frères, à Rouen (Seine-Inférieure) : Schalls, Rouenneries.

572. M. *Duboc* fils, à Rouen (Seine-Inférieure) : Rouenneries.

573. M. *Pluard* aîné, à Rouen ( Seine - Inférieure ) : Schalls ; échantillons de Rouenneries.

575. M. *Thorné*, à Gap (Hautes-Alpes) : Coton.

576. M. *Dumesnil*, à Coutances (Manche) : Mouchoirs de cotonnette et Toile de coton.

577. M. *Delaunay*, à Coutances (Manche) : Siamoise, Cotonnette, Mouchoirs.

578. M. *Lamy*, à Rouen (Seine-Inférieure) : Rouennerie.

579. M. *Vallée* jeune, à Rouen ( Seine-Inférieure ) : Rouennerie.

580. M. *Grout*, à Rouen ( Seine-Inférieure ) : Rouennerie.

581. M. *Capron*, Rouen ( Seine-Inférieure ) : Schalls, Rouennerie.

582. M. *Depaux*, à Bauville (Seine-Inférieure) : Rouennerie.

583. M. *Henri Barbet*, à Rouen ( Seine-Inférieure ) : Rouennerie.

584. M. *Pouchet* fils, à Bolbec ( Seine-Inférieure ) : Rouennerie.

585. M. *Alexandre de Crême*, à Roubaix (Nord) : Étoffes pour gilets.

586. M. *Pierre Parent*, à Roubaix (Nord) : Étoffes pour gilets.

587. M. *Cuvru de Surmont*, à Roubaix (Nord) : Prunelle.

588. M.^me *Lévêque*, veuve *Lemaitre*, à Bolbec ( Seine-Inférieure) : Rouennerie.

589. M. *Jacques Pouchet*, à Bolbec (Seine-Inférieure) : Rouennerie.

590. M. *Bera-Lapique*, à Bar-le-Duc (Meuse) : Échantillons de Toile de coton.

591. MM. *Kettinguer* et fils, à Bolbec (Seine-Inférieure) : Rouennerie.

592. M. *Delory*, à Bar-le-Duc (Meuse) : Échantillons de Toile de coton.

593. M. *Delabel de Surmont*, à Turcoing (Nord) : Casimir en coton.

594. *Le Dépôt de mendicité*, à Saint-Lizier ( Ariége ) : Tissus en coton.

595. M. *Lapique de Maugeot*, à Bar-le-Duc ( Meuse ) : Échantillons de Cotonnades.

596. *La Fabrique de charité*, à Vannes ( Morbihan ), dirigée par M.^me *de Lamoignon*, veuve *Molé-Champlâtreux* : Échantillons d'Étoffes de coton blanc et écru.

597. M. *Guyot-Maret*, à Bar-le-Duc ( Meuse ) : Échantillons de Cotonnades.

598. MM. *Teissère* et compagnie, à Troyes ( Aube ) : Casimir, Étoffes de coton et Percale.

599. M. *de Caen* jeune, à Rouen ( Seine-Inférieure ) : Cirsacas et Casimirs de coton.

600. M. *Guillemin*, à Commercy ( Meuse ) : Échantillons de Tissus et Toiles de coton.

601. M. *Breuillat*, à Niort ( Deux-Sèvres ) : Étoffes de coton.

602. M. *Julien ( Jean - Pierre )*, à Vabré ( Tarn ) : Cotonat.

603. MM. *Heussy - Rau* et *Ferrand*, à Montbéliard ( Doubs ) : Échantillons de Tissus de coton.

604. M. *Loupabel-Dumas*, à Vabré ( Tarn ) : Cotonine.

605. M. *Julien* aîné, à Castres ( Tarn ) : Tissus de coton.

606. MM. *Loup ( Pierre )* et fils, à Vabré ( Tarn ) : Cotonine.

607. M. *L. Favre* aîné, à Nantes ( Loire-Inférieure ) : Toiles imprimées, représentant des sujets allégoriques, pour meubles.

608. MM. *Koechlin* frères, de Mulhausen ( Haut-Rhin ) : Toiles imprimées et lithographiées.

609. MM. *Hausmann* frères, à Logelbach ( Haut-Rhin ) : Coupons d'Impressions lithographiques sur soieries et mérinos ; échantillons de Toiles de coton imprimées ; coupons de Mouchoirs de couleurs ; Foulards enluminés ou lithographiés ; Mouchoirs lithographiés sur soie ; épreuves de Tapis de table, avec rosaces lithographiées.

610. MM. *Kohler* et *Mautz*, à Mulhausen ( Haut-Rhin ) : Tissus de coton imprimés.

611. MM. *de la Haye* et *François Willot*, à Bolbec ( Seine-Inférieure ) : Étoffes pour meubles.

612. M. *Sainserre-Royer*, à Bar-le-Duc ( Meuse ) : Coupons de Toile à meuble.

613. M. *Ziegler-Greuter*, à Guelwiller ( Haut-Rhin ) : Toile de coton blanche et Indienne.

614. MM. *Blech-Fries* et compagnie , à Mulhausen ( Haut-Rhin ) : Coton imprimé au rouleau.

615. MM. *Heilmann* frères, à Mulhausen ( Haut-Rhin ) : Indiennes et Mouchoirs.

616. MM. *Gros-Davillier*, *Roman* et compagnie , à Wesserling ( Haut - Rhin ) : Tissus , Robes , Schalls, Mouchoirs, Toiles en blanc et en couleur.

617. M. *Zuicher* et compagnie, à Mulhausen ( Haut-Rhin ) : Mouchoirs et Indienne.

618. M. *Robert-Bovet*, à Thann ( Haut-Rhin ) : Indiennes.

619. MM. *Hausmann* frères, à Colmar ( Haut-Rhin ) : Indiennes et Mouchoirs.

620. M. *Gontaud* jeune, à Lyons-la-Forêt ( Eure ) : Echantillons d'Indienne.

( 44 )

621. M. *Obercampf*, à Jouy (Seine-et-Oise) : Toiles imprimées.

621 *bis*. A Essonnes (Seine-et-Oise) : Filature hydrau-lique de coton, Tissus blancs unis et damassés.

622. M. *Cheruel* fils, à Rouen (Seine-Inférieure) : Toiles peintes.

623. MM. *Dollfus, Mieg* et compagnie, à Mulhausen (Haut-Rhin) : Pièces d'impression à la mécanique; Robes à bordures, Fichus et Schalls imprimés.

624. M. *Schlumberger (Daniel)*, à Lutterbach (Haut-Rhin) : Tissus de coton, Indiennes et Schalls; échantillons d'Impressions au rouleau.

625. M. *Leauret*, à Ganges (Hérault) : Bas de soie.

626. M. *Meyriceis*, à Ganges (Hérault) : Bas de soie.

627. M. *Turs*, à Nîmes (Gard) : Bonneterie de soie.

628. M. *Cocques-Valle*, à Arras (Pas-de-Calais): Bas de soie.

629. M. *Vallard* fils, à Moulins (Allier) : Bas de soie noirs.

630. M. *Pannier-Darche*, bonnetier du Roi, rue du Bac, n.° 13 : Bas de soie superfins.

631. M. *Léonard Guillou*, à Tours (Indre-et-Loire) : Bas de filoselle.

632. M. *Jacobi le Sourd*, à Tours (Indre-et-Loire) : Bas et Mitaines de filoselle.

633. M. *Denis*, place des Victoires, n.° 4 : Bas de coton à jour.

634. M. *Jouanne de la Rothières*, à Troyes (Aube) : Bas de coton.

635. M. *Duchaussoy*, de Troyes (Aube) : Bas de coton.

636. M. *Roizard*, de Troyes (Aube) : Bas de coton.

637. M. *Mozer-Ondin*, d'Arcis-sur-Aube (Aube) : Bas de coton.

638. M. *Godot*, d'Arcis-sur-Aube (Aube) : Bas de coton.

639. M. *Denis Becker*, d'Arcis-sur-Aube (Aube) : Bas de coton.

640. M. *Guéritte*, d'Arcis-sur-Aube (Aube) : Bas de coton.

641. M. *Delatour-Saurat*, d'Arcis-sur-Aube (Aube) : Bas de coton.

642. M. *Charles Fiévet*, à Lille (Nord) : Bas de coton.

643. M. *Deffontès-Gilbert*, à Moulins (Allier) : Bas de coton.

644. M. *Quévinot*, à Valençay (Indre) : Bas, Pantalons et Bonnet de coton.

645. M. *Bordet*, à Valençay (Indre) : Bas, Caleçon et Gilet de coton.

646. M. *Léonard Guillois*, à Tours (Indre-et-Loire) : Bas de coton.

647. M. *d'Autreville*, à Châlons (Marne) : Bas de coton.

648. M. *Ancel*, à Dijon (Côte-d'Or) : Bas de coton.

649. M. *Vallard* fils, à Moulins (Allier) : Bas de coton.

650. MM. *Firmin* et *François - Thomas Cardu*, à Harbonnières (Somme) : Bas et Bonnets de coton.

651. M. *Godefroy*, à Caen (Calvados) : Bonneterie de coton.

652. M. *Davois*, à Falaise (Calvados) : Bonnets de coton.

653. M. *Dubost*, rue de Richelieu, n.° 15 : Bas en fil de dentelle et en soie.

654. M. *Pannier-Darche*, rue du Bac, n.° 13 : Bas de fil superfins.

655. M. *Cocques-Valle*, à Arras ( Pas-de-Calais ) : Bas de fil.

656. M. *Cossigny*, à Lille ( Nord ) : Bas de fil.

657. M. *Detrey*, à Besançon ( Doubs ) : Bas de fil.

658. MM. *Bonnard*, *P. F. J. Nepple*, rue de la Grande-Truanderie, n.° 54 : Bas de fil de lin.

659. M. *Reine*, rue des Jeûneurs, n.° 16 : Bonneterie.

660. M. *Vincent ( Jean )* et compagnie, de Marseille ( Bouches-du-Rhône ) : Bonnets gasquets.

661. M. *Rostan-Vidal*, de Marseille ( Bouches-du-Rhône ) : Bonnets gasquets.

662. MM. *Perducet* et *Desgrand*, à Annonay ( Ardèche ) : Bonnets de laine.

663. M. *Balbâtre*, de Nancy ( Meurthe ) : Bonneterie de coton.

664. M. *Benoît Mérat* et *Desfrancs*, à Orléans ( Loiret ) : Bonnets orientaux.

665. M. *Serpette-Lafétries*, à la Mothe-en-Santerre ( Somme ) : Bas de laine noirs.

666. M. *Cocques-Valle*, à Arras ( Pas-de-Calais ) : Bas de laine.

667. M. *Fériaque*, à Joinville ( Haute-Marne ) : Bas de laine.

668. M. *André Fabre*, à Prats-de-Mollo ( Pyrénées-Orientales ) : Bonnets de laine.

669. MM. *Deloynes*, *Benoît Hallier* et compagnie, à Orléans ( Loiret ) : Bonnets orientaux gasquets.

670. M. *Ancel*, à Dijon ( Côte-d'Or ) : Bas de laine.

671. M. *Prat*, à Lasalle (Hautes-Alpes) : Bonnets de laine.

672. M. *Lefebvre-Millet*, à Renwez (Ardennes) : Bas de laine.

673. M. *Maurel*, à Larroque ( Ariége ) : Bonnet de laine.

674. M. *Vaysse*, à la Crouzette (Tarn) : Bonnet de laine.

675. MM. *Demenou*, et *Delambert*, rue du Faubourg-Poissonnière, n.° 32 : Tapis tricotés imprimés.

676. M. *Bellanger* et *Vayson*, rue d'Anjou-Saint-Honoré, n.° 9 : Tapis et Tapisserie.

677. M. *Sandrin*, rue Saint-Sabin, n.° 14, faubourg Saint-Antoine : Plusieurs cadres de Tapisserie pour fauteuils, siéges et dossiers.

678. MM. *Rogier* et *Sallandrouze*, rue des Vieilles-Audriettes, n.° 3 ; Tapis, Canapés et Fauteuils en tapisserie.

679. M. *Roze (Abraham)*, de Tours ( Indre-et-Loire ) : Tapis.

680. M. *Jobert-Lucas*, à Reims ( Marne ) : Tapis.

681. M. *Jeannin*, à Autun (Saone-et-Loire) : Échantillons de Tapis de pied.

682. M. *Martin Lamart*, à Amiens (Somme) : Cartes d'échantillons de Moquette.

683. M. *Mortier* frère, à Amiens (Somme) : Moquette; Tapis de foyer.

684. M. *Henri Laurent*, à Amiens (Somme) : Velours, Moquette, Tapis.

685. M. *Hecquet-Dorval*, d'Abbeville (Somme) : Moquette à deux lés, et Bordure de tapis.

686. M. *Vauchelet*, rue du Temple , n.° 34 : un Écran de velours de coton, peint ; Panneau de tenture, et échantillon de Velours de soie.

687. M. *Grégoire*, rue de Charonne , n.° 47 : Tissus en velours de soie imitant la peinture ; Tables de couleur.

688. M.^{me} *Anna de N*****, rue . . . . , à Paris : Tableau en tapisserie, représentant Bélisaire.

689. M. *Dessaux* , rue de la Mortellerie , n.° 152 : Échantillons de Papiers gauffrés et non gaufrés, et plusieurs Chapeaux de femme faits avec cette matière.

690. M. *Susse-Aubé*, rue Sainte-Anne , n.° 59 : Cadres d'échantillons de Papiers et Cartes gaufrés.

691. M. *Houbigant*, rue Saint-Dominique , faubourg Saint-Germain , n.° 48 : un Cadre d'échantillon de Cartes à jouer.

692. M. *Angrand*, rue Meslée , n.° 61 : Cadres d'échantillons de Papiers de fantaisie et Vignettes.

693. M. *Didot Saint-Leger*, rue Sainte-Anne , n.° 31 : Échantillons de Papiers d'impression et à écrire.

694. M. *Delagarde*, rue de Savoie, n.° 3 : Papeterie.

695. M. *Durand* fils, à Vire (Calvados) : Papiers bleu et blanc.

696. M. *Bonnel* , à Tilly-sur-Seules (Calvados) : Papier blanc.

697. M. *Desétables* aîné , de Vire (Calvados) : Papiers de diverses couleurs ; Cartons et Papiers de paille.

698. M. *Mathieu Romanet*, à Limoges (Haute-Vienne) : Papiers d'impression.

699. M. *Roulhac* aîné , à Limoges (Haute-Vienne) : Papiers d'impression.

700. M. *Horace Brunet* , à Lyon (Rhône) : Registre à dos flexible.

701. M. *Lanson* , à Coutances (Manche) : Échantillons de Parchemin.

702. M.me veuve *Louchau* , à Barjols (Var) : Papiers.

703. M. *Jardel Laroque* , à.... (Dordogne) : Échantillons de Papiers.

704. M. *Sicoud* , à la Cour-lès-Baume (Doubs) : Échantillons de Papeterie.

705. MM. *Brocard* et *Guilgot* , à Docelles (Vosges) : Échantillons de Papeterie.

706. M.me veuve *Pellerin* , à Niort ( Deux-Sèvres ) : Échantillons de Papiers.

707. M. *Fothé* , à Vendôme (Loir-et-Cher) : Échantillons de Papiers.

708. M. *Serve* , à Duvernet (Allier) : Papeterie.

709. M. *Vauchemont* , à Vizerne (Pas-de-Calais) : Échantillons de Papiers.

710. M. *Gasté* , à Beauficel (Manche) : Papeterie.

711. M. *Esneu* , à Sourdeval (Manche) : Papeterie.

712. M. *Daujon* , à Saint-Barthélemi (Manche) : Papeterie.

713. M. *Homo* , à Vengeons (Manche) : Papeterie.

714. M. *Gaudin* puîné , au Moulin de Chantoiseau (Charente) : Échantillons de Papiers.

715. M. *Lacroix* jeune , au Moulin de Saint-Michel (Charente) : Échantillons de Papiers.

716. MM. *Lacourade* et *Georgeon*, au Moulin dé la Courade ( Charente ) : Papier.

717. M. *Gaudin* aîné , au Moulin des Gaudins ( Charente ) : Échantillons de Papiers.

718. *Laroche* puîné, à . . . . . . . ( Charente ) : Échantillons de Papiers.

719. M. *Baron-Canson* , à Védaloux-lès-Annonay ( Ardèche ) : Papeterie.

720. M. *Johannot* , à Annonay ( Ardèche ) : Papiers.

721. M. *Montgolfier* , à Saint-Marcel-lès-Annonay ( Ardèche ) : Papiers.

722. M. *Court ( Pierre )* , à Saint-Lizier ( Ariége ) : Échantillons de Papiers.

723. M. *Brien ( Jacques )* , à Castres ( Tarn ) : Échantillons de Papiers.

724. M. *Dagnet* , à Cugand ( Vendée ) : Papier blanc et de couleur.

725. M. *Rousseau* , rue Fontaine-au-Roi , n.° 47 : Rame de Papier de paille , avec lequel on peut calquer.

726. MM. *Douzals* père et fils , à Montauban ( Tarn-et-Garonne ) : Cartons pour apprêter les Étoffes.

727. M. *Caraillon - Gentil* , à Nîmes ( Gard ) : Carton façon d'Angleterre.

728. M. *Gentil ( Ph. )* , à Vienne ( Isère ) : Cartons laminés.

729. M. *Rousseau* , à Paris : Papier marbré et Ouvrages en carton recouverts de ce papier.

730. M. *Jacquemart* , rue de Montreuil, n.° 39 : Papiers peints.

731. M. *Dufour* , faubourg Saint-Antoine : Papiers peints.

732. M. *Gohin*, rue Neuve-Saint-Jean, n.° 9 : Papiers peints, Couleurs ; Cardes pour la filature.

733. M. *Velay*, rue Lenoir, n.° 10, faubourg Saint-Antoine : Divers Echantillons de Papiers peints.

734. M. *Zuber (Jean)*, à Rixheim ( Haut-Rhin ) : Papiers peints.

735. M. *Richoud*, à Saint-Genis-Laval ( Rhône ) : Papiers peints pour tenture.

736. M. *Simon*, rue de Hanovre, n.°....: Papiers peints.

737. M. *Gonfréville* fils, à Rouen ( Seine-Inférieure ) : Cotons filés teints.

738. M. *Delarue* aîné, à Rouen ( Seine-Inférieure ) : Apprêt sur coton.

739. M. *Anquetil-Desmarest*, à Rouen (Seine-Inférieure) : Apprêt sur coton.

740. M. *Klin*, à Nancy ( Meurthe ) : Cotons teints.

741. M. *Kroff*, pelletier - fourreur, rue Saint-Honoré, n.° 253 : Manchon de renard blanc de Russie, teint par un procédé particulier.

742. M. *Angrand* , à Darnetal ( Seine-Inférieure ) : Teinture de lin.

743. M. *Desmarest* , à Bapaume ( Seine - Inférieure ) : Teinture de lin.

744. M. *Dietz*, à Barr ( Bas-Rhin ) : Échantillons de Cotons filés teints.

745. M. *Cheruel* fils, à Rouen ( Seine-Inférieure) : Echantillons de Coton teint.

746. MM. *Guillaume Angran* frères, à Saint-Léger, près Rouen (Seine-Inférieure) : Échantillons de Coton teint.

747. M. *Gain*, à Rouen (Seine-Inférieure) : Échantillons de Coton teint.

748. M. *Cuit* aîné, à Déville, près Rouen (Seine-Inférieure) : Échantillons de Coton teint.

749. M. *Le Fay*, à Rouen (Seine-Inférieure) : Échantillons de Coton teint.

750. MM. *Garvey* frères, *Delastre* et *Peltzer*, à Rouen (Seine-Inférieure) : Coton teint nankin.

751. M. *Le Franc-Tirion*, à Bar-le-Duc (Meuse) : Cotons filés teints.

752. MM. *Farel* et fils, à Montpellier (Hérault) : Écheveaux de Coton filé, teint en rouge et en violet.

753. M. le comte *de la Boulaye-Marillac*, directeur des teintures des Gobelins : Une Pièce de Damas jaune, un Cadre d'échantillons de Soies de différentes couleurs.

754. M. *Fleury*, de Bordeaux (Gironde) : Échantillons de Cuirs, de Chaussures et de Tissus imperméables.

755 M. *Salviat*, de Bazas (Gironde) : Un Cuir de veau préparé.

756. M. *Majorel*, de Saint-Géniez (Aveyron) : Cuirs et Basanes.

757. M. *Gardes*, de Saint-Géniez (Aveyron) : Cuirs et Peaux.

758. M. *Vergès*, de Saint-Géniez (Aveyron) : Cuirs et Peaux.

759. M. *Serres*, du Monastère-sous-Rodès (Aveyron) : Cuirs et Peaux.

760. MM. *Souin* et *Lavocat*, de Troyes ( Aube ) : Cuirs.

761. M. *Rouet - Trinquart*, de Saint-Aignan ( Loir-et-Cher ) : Cuirs à la jusée à l'orge, lissés et corroyés.

762. M. *Salasc*, à Toulon ( Var ) : Cuir.

763. M. *Godement-Colmar*, à Saint-Saëns ( Seine-Inférieure ) : Cuirs.

764. M. *Cornisset*, à Sens ( Yonne ) : Échantillons de Cuirs de bœuf.

765. M. *Vaslin ( Alexandre)*, à Château-Renaud ( Indre-et-Loire ) : Échantillons de Cuir.

766. M. *Peltreau ( Gratien )*, à Château-Renaud ( Indre-et-Loire ) : Échantillons de Cuir.

767. M. *Bréhier*, à Rennes ( Ille-et-Vilaine ) : Cuirs.

768. MM. *Peltreau* frères, à Château-Renaud ( Indre-et-Loire ) : Échantillons de Cuir.

769. M. *Bosquier* fils, à Saint-Saëns ( Seine-Inférieure ) : Cuir à la jusée.

770. M. *Roynard*, à Saint-Saëns ( Seine-Inférieure ) : Cuirs.

771. MM. *Allandre* frères, à Gap ( Hautes-Alpes ) : Échantillons de Cuirs et Peaux.

772. M. *Lignière* et compagnie, à Toulouse ( Haute-Garonne ) : Cuir tanné.

773. MM, *Destois* et *Beutalon*, à Toulouse ( Haute-Garonne ) : Cuir tanné.

774. M. *Susbielle*, à Niort ( Deux-Sèvres ) : Échantillon de Cuir.

775. M. *Hastier*, à Château-Villain ( Haute-Marne ) : Peau de veau noire.

776. M. *Bonnet*, à Gap ( Hautes-Alpes ) : Échantillons de peaux.

777. M. *Eyraud*, à Gap ( Hautes-Alpes ) : Échantillons de peaux.

778. M. *Burle*, à Gap ( Hautes-Alpes ) : Échantillons de peaux.

779. M. *Salleron*, à Longjumeau ( Seine-et-Oise ) : Échantillons de Cuirs à la jusée, Vache lisse et Veau blanc.

780. M. *Valtes*, à Lorquin ( Meurthe ) : Échantillon de cuir fort.

781. M. *Larguèze* cadet, à Montpellier ( Hérault ) : Peau de veau blanc.

782. M. *Bernard Singla* jeune, à Clermont ( Hérault ) : Peau blanche.

783. M. *Gomart*, à Ham ( Somme ) : Cuir tanné.

784. M. *Antoine Féau*, à Montpellier ( Hérault ) : Peaux de veau noir.

785. M. *Roucher* fils, à Montpellier ( Hérault ) : Peaux de veau noir.

786. M. *J. Liquier*, à Clermont ( Hérault ) : Peau au sumac de Sicile.

787. M. *Mathieu Soulier*, à Aniane ( Hérault ) : Peaux de chèvre, tannées à l'écorce de chêne vert ).

788. M. *Muret*, à Montpellier ( Hérault ) : Cuir de bœuf tanné.

789. M. *Noucher*, à Lisieux ( Calvados ) : Échantillon de Cuir.

790. M. *Delafontaine*, à Lisieux ( Calvados ) : Échantillon de Cuir.

791. M. *Houlette*, à Lisieux (Calvados) : Echantillon de Cuir.

792. M. *Salleron (Claude)*, rue Saint-Hippolyte, n.° 10: Cuirs à la jusée.

793. M. *Harmois*, rue de Marivaux, n.° 9 : Boyaux et seaux à incendie en cuir.

794. M. *Quennechen*, rue des Audriettes, n.° 1 : Peaux corroyées façon de Russie pour l'odeur et la couleur.

795. M. *Didier*, rue de Montmorency, n.° 26 : Échantillons de Cuir verni et Ustensiles en Cuir.

796. M. *Delaloge*, rue de Lorillon, n.° 27 : Cuirs vernis.

797. M. *Grosjean*, rue Saint-Denis, n.° 268 : Peaux vernies.

798. M. *Schmuck*, rue Censier, n.° 25 : Maroquins.

799. M. *Mattler*, rue Censier, n.° 13 : Maroquins.

800. M. *Salasc*, à Toulon (Var) : Peaux et Maroquins.

801. M. *Desclaux*, à Toulouse ( Haute-Garonne ) : Maroquin.

802. M. *Ourry*, à Toulouse ( Haute-Garonne ) : Maroquin.

803. M. *Guérineaud*, à Poitiers (Vienne) : Peaux d'agneau et de chevreau mégissées.

804. M. *Bataille Weber*, à Nantes ( Loire-Inférieure ) : Peaux de veau chamoisées en noir.

805. MM. *Plauque* frères, à Clermont (Hérault) : Peaux-basanes.

806. M. *Pierre Escomel*, à Annonay ( Ardèche ) : Peaux de chevreau mégissées.

807. M. *Galhot*, au Chaylard (Ardèche) : Peaux mégissées.

808. M. *Olagnier*, à Annonay ( Ardèche ) : Peaux de
mouton, d'agneau et de chevreau.

809. M. *Giraud*, à Annonay (Ardèche) : Peaux mégissées.

810. M. *Lapaine*, à Annonay (Ardèche) : Peaux mégissées.

811. M. *Glaiser*, rue Censier, n.° 37 : Maroquins.

812. M. *Valette*, rue Saint-Sébastien, n.° 26 : Baignoires
pliantes en Cuir verni.

813. M. *Deglène-Cousin*, à Annonay (Ardèche) : Ganterie.

814. M. *Lesty-Pinsonnet*, à Annonay Ardèche) : Ganterie.

815. MM. *Texier* et *Bouchon*, à Niort ( Deux - Sèvres ) :
Peaux et Gants.

816. M. *Main*, à Niort (Deux-Sèvres) : Peaux et Gants.

817. M. *Christin*, à Niort (Deux-Sèvres) : Culottes de
peau.

818. M. *Boudard* fils, à Chaumont ( Haute - Marne ) :
Ganterie et Peausserie.

819. M. *Vaslet*, à Vendôme (Loir-et-Cher) : Gants.

820. M. *Michel (Claude)*, à Nancy ( Meurthe) : Ganterie.

821. M. *Baradelle*, de Paris : Ustensiles, Outils, &c. en
fer de fonte malléable.

822. M. *Meutzer*, rue de l'Oursine, n.° 90 : Mortiers en
fonte.

823. M. *Chaimpel*, à Allevard (Isère) : Fonte grise.

824. MM. *de Blumenstein* et *Frère-Jean*, de Vienne (Isère) :
Fonte grise.

825. M. *Rochet*, à Bèze ( Côte-d'Or ) : Soc de charrue et Roues en fonte.

826. M. *Cavilier*, fondeur à Amiens ( Somme ) : Pièces de fonte.

827. M. *Daguin*, à Brousseval ( Haute-Marne ) : Vases en fonte.

828. M. *Stéhelin*, à Willer ( Haut-Rhin ) : Roues en fonte pour mécanique de filature.

829. M. *Bachelier d'Agès*, à Bourberouge ( Manche ) : Ouvrages en fonte.

830. M. *Goupil*, à Dampierre ( Eure-et-Loir ) : Ouvrages et Ustensiles en fonte.

831. M. *Wurtz*, à Strasbourg ( Bas-Rhin ) : Vases de fonte émaillés par le procédé du docteur Schweighaeuser.

832. La Verrerie de *Creutzwald* ( Moselle ) : Braisières, Fourneaux, Piques pour grilles, en fonte.

833. M. *Michel Lagesse*, Marché d'Aguesseau, n.° 5 : Plateaux en fer sculptés.

834. MM. *de Blumenstein* et *Frère-Jean*, de Vienne ( Isère ) : Fer forgé.

835. M. *Mertian*, de Montataire ( Oise ) : Fers-blancs, uni, plané, moiré au forcé et au naturel.

836. M. *Chauffaille*, à Coussac-Bonneval ( Haute-Vienne ) : Fer doux.

837. M. *Daguin* aîné, à Auberive ( Haute-Marne ) : Bandes de fer demi-martinet.

838. M. *Jacot*, à Bienville ( Haute-Marne ) : Barres de fer.

839. M. *François Georges*, à Biesles ( Haute-Marne ) : Cuillers à pot en fer battu.

840. M. *Henri Georges*, à Biesles ( Haute-Marne ) : Ustensiles en fer battu.

841. M. *Louis Popin*, à Biesles ( Haute-Marne ) : Poèlons
en fer battu.

842. M. *Irroy*, à Arc ( Haute-Saone ) : Fers.

843. M. *Dufaud*, à Grossuvre ( Cher ) : Fers de diverses
qualités et dimensions.

844. M. *Aubertot*, à Vierzon ( Cher ) : Fers.

845. MM. *Royer*, *Payan* et *Thériat*, à Nogent-le-Rotrou
( Eure-et-Loir ) : Échantillons de Verges de fer.

846. M. *Rivals-Gincla*, à Villemoustauson ( Aude ) :
Fer laminé.

847. MM. *Lemyre* père et fils, à Clervaux ( Jura ) : Clous
et Fers.

848. M. *Rambourg*, à Saint-Bonnet-le-Désert ( Allier ) :
Barreaux de fer de la forge de Tronçais, Échantillons de Houille de la mine de Commentry.

849. M. *Rochet*, à Bèze ( Côte-d'Or ) : Fer forgé et Martinet.

850. M. *Poulain*, à Boutancourt ( Ardennes ) : Fer métis,
fendu, platiné et laminé.

851. MM. *Couleaux* frères, aux forges de Boerenthal et
Greswiller ( Bas-Rhin ) : Fers et Aciers.

852. M. *Richard*, rue aux Fers, n.° 11 : Médailles de fer
brut.

853. M. *Mignard*, à Belleville près Paris : Échantillons
d'Acier de pignons et autres.

854 M. *J. B. Goblet*, aux Forges de Chaume près la
Charité ( Nièvre ) : Acier naturel.

855. M. *Grasset*, aux Forges de Douée près la Charité (Nièvre) : Acier naturel.

856. M. *Dequenne*, à Raveau près la Charité (Nièvre) : Acier cémenté.

857. M. *Jude de la Judie*, à Champagnac (Haute-Vienne) : Acier corroyé.

858. M. *Fleurat - Lessard*, à Chapelle - Montbrandeix ( Haute-Vienne ) : Aciers corroyé et naturel ; un Couteau et un Ressort fabriqués avec ces aciers.

859. M. *Falatieu*, à Montureux-lès-Gray (Haute-Saone): Échantillons d'Acier corroyé et non corroyé.

860. M. *Irroy*, à Arc (Haute-Saone) : Acier.

861. M. *Milleret*, à la Berardière (Loire) : Échantillons d'Acier de toutes sortes.

862. M. *Aubertot*, à Vierzon (Cher) : Acier.

863. M. *Rivals-Gincla*, à Villemonstauson ( Aude ) : Barres d'acier.

864. MM. *Monmouceau* et *Dequenne*, à Orléans (Loiret): Barres d'acier.

865. M. *Sans*, à Pamiers (Ariége) : Échantillons d'Acier.

866. M. *Ruffié*, maître de forges à Foix (Ariége) : Échantillons d'Acier.

867. M. *Rochet*, à Bèze (Côte-d'Or) : Acier corroyé, assorti ; Acier brut ; Barres d'acier, façon de Styrie.

868. M. *Robin-Peyret*, à Saint-Etienne (Loire) : Aciers cémentés, corroyés et fondus.

869. MM. *Garrigou*, *Sans* et compagnie, à Toulouse ( Haute-Garonne ) : Acier en barres.

870. M. *Saint-Bris*, à Amboise (Indre-et-Loire) : Barres d'acier de cémentation.

871. M. *Biron*, à Fourvoirie (Isère) : Faulx et Limes.

872. M. *Delanos*, à Saint-Mauvien (Calvados) : Faulx.

873. M. *Ruffié*, maître de forges, à Foix (Ariége) : Faulx.

874. MM. *Garrigou*, *Sans* et compagnie, à Toulouse (Haute-Garonne) : Faulx et Fauchons.

875. MM. *Bobillier* frères et *Nicod*, à la Grand' Combe (Doubs) : Faulx.

876. M. *Irroy*, à Arc (Haute-Saone) : Limes, Faulx, Faucilles, Scies, Aiguilles à coudre et à tricoter.

877. M. *Musseau*, Grande rue du Faubourg Saint-Antoine, n.° 137 : Limes.

878. M. *Rivals-Gincla*, à Villemonstauson (Aude) : Limes.

879. MM. *Monmouceau* et *Dequenne*, à Orléans (Loiret) : Limes sur étoffes d'acier fondu.

880. M. *Ruffié*, maître de forges, à Foix (Ariége) : Limes.

881. MM. *Garrigou*, *Sans* et compagnie, à Toulouse (Haute-Garonne) : Limes.

882. M. *Rochet*, à Bèze (Côte-d'Or) : Limes.

883. M. *Saint-Bris*, à Amboise (Indre-et-Loire) : Limes, Râpes.

884. M. *Robin-Peyret*, à Saint-Étienne (Loire) : Limes.

885. MM. *de Blumenstein* et *Frère - Jean*, à Vienne (Isère) : Tôle en feuilles et en médaillons.

886. MM. *Boigne de Bladis* et *Guérin*, à Imphy (Nièvre) :
Fers blancs et Fers noirs ; Tôle.

887. MM. *Fouque et Bastin*, du Pont Saint-Ours (Nièvre):
Fers-blancs ternes et noirs, minces, laminés ;
Tôles laminées.

888. M. *Aubertot*, à Vierzon (Cher) : Tôle.

889. MM. *Sagliot*, *Human* et compagnie, à Audincourt
(Doubs) : Tôle laminée et Fer-blanc en feuilles.

890. MM. *Rouyer* et compagnie, à Carignan (Ardennes):
Fer-blanc.

891. M. *Fallatieu*, à Bains (Vosges) : Fer-blanc.

892. M.^me veuve *Buyer*, à Ailevillers (Haute-Saone) : Fer-
blanc.

893. M. *Rochet*, à Bèze (Côte-d'Or) : Feuilles de Tôle,
Fer et Acier.

894. M. *Despret*, fils, à la Capelle (Aisne) : Fer-blanc.

895. M. *Mouchel*, à l'Aigle (Orne) : Fils de fer, d'acier,
de cuivre, Aiguilles et Cordes de piano.

896. M. *Falatieu*, à Bains (Voges) : Fils d'acier et de fer.

897. M.^me *Fleur*, à Lods (Doubs) : Fils de fer et de laiton.

898. M. *Migeon-Dominé*, à Grand-Villars (Haut-Rhin):
Fil de fer.

899. M. *Lapie*, à Charleville (Ardennes) : Fourchettes
en fer et acier poli.

900. M. *Rouflette*, à Nouzon (Ardennes) : Poignées
d'espagnolettes, Pincettes et Pelles à feu.

901. M. *Bouillant*, à l'Aigle (Orne) : Boucles de sellerie.

902. MM. *Peugeot* frères, à Hérimoncourt (Doubs) :
Tournebroches, &c.

903. MM. *Couleaux* frères, à Molsheim (Bas-Rhin) :
Moulins à café et grosse Quincaillerie.

904. M. *Lejeune*, à Orléans (Loiret) : Chandeliers en
fer, Étrilles.

905. M. *Masson-Grillon*, à Orléans (Loiret) : Chandeliers en fer, Étrilles.

906. MM. *Griffier* frères, à Villemonstauson (Aude) :
Étaux.

907. M. *Faudet*, à Longuy (Orne) : Poêles à frire.

908. MM. *Bobillier* frères et *Nicod*, à la Grand'Combe
(Doubs) : Poëlon de cuivre.

909. MM. *Japy* frères, à Beaucourt (Haut-Rhin) : Mouvement de montre, Vis à bois, &c.

910. M. *Lepetit*, à Vire (Calvados) : Vrilles.

911. M. *Moulin-Dufresne*, à Vire (Calvados) : Vrilles,
Mèches à l'anglaise, Aiguilles à voiles et d'em-
ballage, en acier forgé.

912. M. *Fontaine*, à Authie (Somme) : Clouterie.

913. M. *Lamy*, à Caen (Calvados) : Échantillons de Vis
à bois.

914. M. *Morizot*, à Tonnerre (Yonne) : Un Cache-
serrure en fer, à ressort et à secret.

915. MM. *Boilevin* frères, à Badonviller (Meurthe) :
Alênes.

916. MM. *Le Tixerant* et compagnie, à Marseille (Bouches-du-Rhône) : Assortiment d'alênes.

917. M. *Besson*, à                 (Loir-et-Cher) : Pierres
à feu.

918. M. *Contamine*, rue du Faubourg Saint-Antoine,
n.º 105 : Râpes.

919. M. *Dumas* fils, rue Traversière-Saint-Antoine: Roulettes en fonte et en cuivre.

920. M. *Jolhy*, rue Saint-Martin, n.° 226 : Grosse Quincaillerie.

921. MM. *Rouy* et *Berthier*, rue Chapon, n.° 17 *bis*: Dés à coudre en acier.

922. MM. *Royer-Payan* et *Thériat*, à Nogent-le-Rotrou (Eure-et-Loir) : Dés en similor, Anneaux polis en laiton.

923. M. *Tridon*, avenue de Ségur, n.° 23 : Carte d'échantillons de vis à bois.

924. M. *Nouchet*, rue Pastourelle, n.° 22 : Ustensiles de chasse et d'armurerie.

925. MM. *Jourjon* et fils, à Saint-Étienne (Loire) : Scies, Lames de scie acier fondu, et Couverts étamés.

926. MM. *Couleaux* frères, à Molsheim (Bas-Rhin) : Scies.

927. M. *Saint-Paul*, petite rue Saint-Pierre, n.° 28 : Toiles métalliques.

928. M. *Roswag*, rue de la Barillerie, n.° 17 : Toiles métalliques.

929. M. *Gaillard* aîné, rue Saint-Denis, n.° 228 : Toiles métalliques perfectionnées.

930. M. *Stammler*, à Strasbourg (Bas-Rhin) : Modèle de pont en fer.

931. MM. *G.* et *H. Stammler*, à Strasbourg (Bas-Rhin) : Fil de fer, Fil de laiton et Fil d'argent.

932. M. le baron *de la Contamine*, à (Ardennes) : Cuivre laminé.

933. M. *Saillard* aîné, à Rugles (Eure) : Cuivre.

934. MM. *Mazarin* père et fils, de Toulouse (Haute-Garonne) : Planches de cuivre.

935. MM. *Boigne de Bladis* et *Guérin*, d'Imphy (Nièvre) : Planches de cuivre rouge, Feuilles de cuivre rouge pour doublage, divers objets en cuivre rouge, faits au martinet.

936. M. *Boucher* fils, à Rouen (Seine-Inférieure) : Laiton brut, noir, poli; Cuivre laminé.

937. La Fabrique de *Romilly* (Eure) : Feuilles à doublage, Clous, Fils de laiton, deux Planches de cuivre de douze et treize pieds.

938. M. le baron *de la Contamine*, à (Ardennes) : Fil de laiton.

939. M. *Saillard* aîné, à Rugles (Eure) : Fil de laiton.

940. M. *Boucher*, rue Béthizy, n.° 1 : Ouvrages en plomb laminé.

941. M. *Pécard*, à Tours (Indre-et-Loire) : Échantillon de plomb de chasse.

942. MM. *Cavalier* père et fils, de Marseille (Bouches-du-Rhône : Tuyaux de plomb laminé, sans soudure.

943. M. *Verhelst*, à Lille (Nord) : Tuyau de plomb.

944. M. *Yver*, fondeur à Caen (Calvados) : Balles et Plomb de chasse.

945. M. le baron *de la Contamine*, à (Ardennes) : Zinc.

946. M. *Saillard* aîné, à Rugles (Eure) : Zinc, Clous de zinc.

947. M. *Malpas*, rue de Duras, n.° 9 : Buste du Roi, Barreau et Clous en zinc.

948. M. *Michaud-Labonté*, rue Neuve Saint-Eustache, n.º 4 : Capsule, Casserole, Boîte d'écaille et Dés à coudre plaqués en argent et en platine.

949. MM. *Cuoq* et *Couturier*, rue de Richelieu, n.º 107 : Vase, Capsules, Creuset et Cafetière en platine.

950. M. *Janety* fils, rue du Colombier, n.º 21 : Vaisselle, Bijoux, &c. en platine.

951. M. *Tourrot* aîné, rue Sainte-Avoie, n.º 47 : Vaisselle, Ornemens d'église et autres Objets en doublé d'or et d'argent.

952. M. *Hadrot*, rue des Fossés-Montmartre, n.º 14 : Lampes, Lustres, Cafetières, &c. de plaqué et de tôle.

953. M. *Cristofle*, rue des Enfans-Rouges, n.º 7 : Échantillons de plaqué or et argent.

954. M. *Pillioud*, rue des Juifs, n.º 11 : Vaisselle en doublé d'argent.

955. M. *Levrat*, rue de Popincourt, n.º 66 : Plaqué.

956. M.^me veuve *Carcel*, rue de l'Arbre-Sec, n.º 18 : Plaqué, Moiré et autres.

957. MM. *Dénières* et *Matelin*, fabricans de bronze, rue Vivienne, n.º 15 : Lustres.

958. M. *Daujon*, à Caen (Calvados) : Une Cafetière de fer-blanc.

959. M. *Laurens*, passage du Saumon, n.ºˢ 31, 32 et 33 : Cafetières, Réchauds et Plateaux en fer-blanc et tôle vernie.

960. M. *Lenoir-Ravrio*, rue des Filles-Saint-Thomas, n.º 19 : Lustre.

961. MM. *Frizon* père et fils, à Châlons - sur - Saone
(Saone-et-Loire) : Lustre.

962. M. *Allard*, rue Saint-Lazare, n.° 11 : Vases et Cor-
beilles en moiré métallique.

963. M. *Tavernier*, rue de Paradis, en face de la rue
Martel : Ouvrages en tôle vernie.

964. M. *Delaroche* fils, rue Saint-Honoré, n.° 355 : Une
Colonne torse avec ses moulures en tôle.

965. M. *Frichot*, rue des Gravilliers, n.° 42 : Ouvrages
en acier poli.

966. M. *Dumery*, à Saint-Julien-du-Sault (Yonne) : Fer-
moir de sac en acier poli

967. M. *Huin*, rue des Fossés-du-Temple, n.° 48 : Cuirs
de rasoir à courbes graduées.

968. M. *Choquet*, rue des Jardins-Saint-Paul, n.° 31 :
Rasoirs.

969. M. *Sénéchal*, rue des Arcis, n.° 29 : Un Cadre
contenant plusieurs bistouris.

970. M. *Gillet*, rue de Charenton, n.° 41 : Rasoirs.

971. M.[me] veuve *Charles*, rue du Petit-Lion-Saint-Sauveur, n.° 20 : Rasoirs à dos métallique.

972. M. *Vital-Cardeillac*, rue du Roule, n.° 4 : Coutellerie.

973. M. *Rivaud*, rue du Faubourg Saint-Honoré, n. 38 :
Coutellerie.

974. M. *Sir-Henri*, place de l'École de Médecine, n.° 6 :
Coutellerie.

975. M. *Lethien*, Vieille rue du Temple, n.° 74 : Coutellerie.

976. M. *Gavet*, rue Saint-Honoré, n.° 138 : Coutellerie.

977. M. *Trépoz*, rue du Coq-Saint-Honoré, n.° 3 : Coutellerie.

978. M. *Grangeret*, coutelier de Sa Majesté et des Princes, rue des Saints-Pères, n.° 45 : Coutellerie fine et Instrumens de chirurgie, destinés en partie pour l'Université de Gand.

979. M. *Queillé*, rue du Faubourg-Montmartre n.° 74 : Coutellerie.

980. M.^me *Degrand-Gurgey*, à Marseille ( Bouches-du-Rhône) : Coutellerie et Armes blanches en damas.

981. M. *Laglaine-Chevalier*, à Châtellerault ( Vienne ) : Couteau et Fourchette à découper.

982. M. *Bost-Mombrun*, à Saint-Remi (Puy-de-Dôme) : Coutellerie.

983. M. *Buchet*, à Thiers ( Puy-de-Dôme ) : Coutellerie.

984. M. *Brasset*, à Thiers ( Puy-de-Dôme ) : Coutellerie.

985. MM. *Bordal* et *Barre*, à Thiers : Coutellerie.

986. M. *Marquet*, à Thiers : Coutellerie.

987. MM. *Chervet* et *Vacher*, à Thiers : Coutellerie.

988. M. *Taillandier*, à Thiers : Coutellerie.

989. M. *Jacquiton-Brunel*, à Thiers : Coutellerie.

990. M. *Taillandier-Gilbert*, à Thiers : Coutellerie.

991. M. *Perret-Vacherias*, à Thiers : Coutellerie.

992. M. *Gouvé*, à Caen ( Calvados ) : Coutellerie.

993. M. *Briant-Gilbert*, à Châtellerault ( Vienne ) : Un Couteau à tire-bouchon.

994. M. *Pein*, à Châlons ( Marne ) : Ciseaux.

995. M. *Lemaire ( Étienne )*, à Châtellerault (Vienne) : Couteau de chasse à quinze pièces.

996. M. *Piault-Brault*, à Châtellerault (Vienne) : Une Jambette en nacre.

997. M. *Frestel*, à Saint-Lô (Manche) : Un Rasoir à six lames ajustées, garnitures en argent.

998. M. *Briant-Talon*, à Châtellerault (Vienne) : Coutellerie fine.

999. M. *Parent* fils, à Châtellerault : Coutellerie fine.

1000. M. *Parent* père, à Châtellerault : Coutellerie fine.

1001. M. *Gauvin-Monnet*, à Châtellerault : Coutellerie fine.

1002. M. *Daillier (Charles)*, à Châtellerault : Coutellerie fine.

1003. M. *Huau*, à Châtellerault : Couteau façon anglaise à six pièces.

1004. MM. *Couleaux* frères, à Klingenthal (Bas-Rhin) : Coutellerie fine et commune.

1005. M. *Pradier*, à Versailles : Coutellerie, Nécessaires.

1006. M. *Guerre*, à Langres (H.$^{te}$-Marne) : Coutellerie fine.

1007. M. *E. Degrand*, à Marseille (Bouches-du-Rhône) : Coutellerie.

1008. M. *Populus-Belin*, à Langres (Haute-Marne) : Coutellerie fine.

1009. M. *Jullien*, à Bourges (Cher) : Canifs à coulisse.

1010. M. *Néel*, à Saint-Lô (Manche) : Deux Rasoirs à châsse d'ivoire, garnis en argent.

1011. M. *Huret*, rue des Grands-Augustins, n.° 5 : Fermetures à combinaisons et à garnitures mobiles, Porte-feuilles.

1012. M. *Nante*, rue des Fourreurs, n.° 6 : Une Serrure.

1013. M. *Mathé*, rue de Sèvres, n.° 11 : Serrurerie.

1014. M. *Rivery-Lasoille*, à Vonicourt (Somme) : Échantillons de serrurerie et autres.

1015. M. *Georget*, serrurier mécanicien, rue Castiglione, n.° 6 : Plusieurs Objets de haute serrurerie.

1016. M. *Gohin*, rue Neuve Saint-Jean, n.° 9 : Cardes.

1017. M. *Henraux* jeune, rue Saint-Médéric, n.° 46 : Cardes, et Chardon métallique.

1018. M. *Bingant* aîné, rue des Gravilliers, n.° 46 : Outils.

1019. M. *d'Herbecourt*, rue du Monceau, n.° 6, à l'orme Saint-Gervais : Outils de tout genre et grosse Quincaillerie.

1020. M. le duc *de la Rochefoucauld*, à Liancourt (Oise) : Cardes pour coton et laine.

1021. M. *Viou*, à Tours (Indre-et-Loire) : Modèle de peigne perfectionné pour les étoffes.

1022. M. *Simorre*, à Toulouse (Haute-Garonne) : Plaques et Rubans de cardes.

1023. M. *Corbillié*, à Évreux (Eure) : Échantillons de Plaques et Rubans de cardes.

1024. MM. *Desfriches* et fils, à Lisieux (Calvados) : Échantillons de Rots ou Peignes en acier, cuivre et roseau pour diverses fabrications en coton et lin.

1025. M. *Levailleux*, à Douai (Nord) : Plaques et Rubans de cardes.

1026. M. le baron *de Gency*, à Meullan (Seine-et-Oise) : Garnitures de cardes.

1027. MM. *Sérives* frères, à Lille (Nord) : Plaques et Rubans de cardes.

1028. M. *Omouton*, à Ivetot ( Seine-Inférieure ) : Rots.

1029. MM. *Peugeot* frères, à Hérimoncourt ( Doubs ) : Outils et Buscs.

1030. M. *Thomas* (*Jacques-Nicolas*), à Ivetot ( Seine-Inférieure ) : Rots.

1031. M. *Journée*, à Rouen (Seine-Inférieure ) : Rots.

1032. M. *Noury*, à Rouen : Peigne de cardes à coton.

1033. M. *Alméras* fils aîné, à Lyon ( Rhône ) : Peignes d'acier plombé pour fabrication d'étoffes et de rubans.

1034. MM. *Blondeau* frères, à Saint-Hippolyte ( Doubs ) : Outils d'horlogerie et de bijouterie.

1035. MM. *Lambert* et *Martin*, rue du Faubourg Saint-Martin, n.° 142 : Plaques et Rubans de cardes.

1036. M. *Calla*, rue du Faubourg Poissonnière, n.° 92 : Plaques et Rubans de cardes.

1037. M. *Cailloux*, tapissier, rue du Mail, n.° 29 : Un petit Modèle de Canon.

1038. M. *Roux*, rue des Trois-Frères, n.° 4 : Fusils de chasse et Pistolets.

1039. M. *Prélat*, rue de la Paix, n.° 26 : Fusils de chasse et Amorçoirs.

1040. M. *Lavoignin*, rue Coquillière, n.° 43 : Collection d'Armes et Trophées.

1041. Manufacture Royale, à Tulle ( Corrèze ) : Un Fusil de munition, deux Platines de Mousqueton, une de Fusil de munition.

1042. M. *Latura* père et fils, à Lons-le-Saulnier ( Jura ) : Un Fusil s'amorçant avec la poudre suroxigénée.

1043. M. *Lamotte*, à Saint-Étienne ( Loire ) : Un Fusil.

1044. M. *Cessier*, à Saint-Étienne (Loire) : Fusil et Pistolet, avec leur Nécessaire.

1045. MM. *Coullaux*, frères, à Klingenthal ( Bas-Rhin ) : Armes blanches.

1046. M. *Boggio ( Marcellin )*, à Saint-Étienne ( Loire ) : Lames de Fleurets.

1047. M. *Dupré*, bottier, rue de Condé, n.° 34 : Une Jambe mécanique.

1048. M. *Barbier*, quai de la Cité, n.° 1 : Instrumens mécaniques d'écriture privée.

1049. M. *Bingant* aîné, rue des Gravilliers, n.° 46 : Modèle de Laminoir.

1050. MM. *Bourla* et *Mathieu*, mécaniciens, rue de la Harpe, n.° 92 : Modèles de plusieurs Machines ;

1051. M. *Daujon*, rue des Vieux-Augustins, n.° 40 : Un Lit portatif, deux Fauteuils mécaniques, et un Modèle d'Échelle à incendie.

1052. M. *Desquinemare*, rue Meslée, n.° 55 : Deux Moulins à bras, dits *de famille ;* un Bateau ployant en toile imperméable insubmergible.

1053. M.***, à                    (Allier) : Plan d'une Pompe à incendie, et un Modèle en cuivre de Raccordement des boyaux.

1054. M. *Thioulouse*, à                    ( Haute-Loire ) : Modèle de Pompe.

1055. M. *Philémon Sense*, à Rouen ( Seine - Inférieure ) : Aune cylindrique.

1056. M. *Constant-Pécantin*, à Orléans (Loiret) : Moulin à bras et ses dépendances.

1057. M. *Noiret*, à Tours (Indre-et-Loire) : Un nouveau

Compensateur pour le Pendule ; un petit Modèle de *Va-et-Vient.*

1058. M. *Guéroult,* à Cherbourg (Manche) : Une petite Mécanique à l'usage des bijoutiers.

1059. M. *Chapuzet,* à Agen (Lot-et Garonne) : Hache-paille mécanique ; Battoir à blé.

1060. M. *Regnier,* ingénieur-mécanicien, rue du Colombier, n.° 30 :

Un Dynamomètre pour estimer la force des pompes à feu et l'action du sillage d'un bâtiment en mer ;

Un autre pour estimer la force des hommes, celle des chevaux, et la résistance des charrues au labourage des terres ;

Un autre Dynamomètre, à force répulsive, pour les exercices gymnastiques ;

Un nouveau Méridien à canon ;

Un autre à musique d'horlogerie, sous forme de tableau ;

Des Verroux de sûreté à combinaisons ;

Un Chiffonnier et un Serre-papiers, dont tous les tiroirs s'ouvrent et se ferment à-la-fois avec une seule clef ;

Modèles d'Échelles à incendies ;

Modèle de Marmite pour les hôpitaux ambulans ;

Sécateur pour la taille des arbustes ;

Pinces pour l'incision de la vigne ;

Piquet à thermomètre pour régler la chaleur des couches ;

Un Anémomètre.

1061. M. *Nicolas* fils, à Ancenis (Loire-Inférieure) : Un Mécanisme propre à prévenir les accidens occasionnés par l'emportement des chevaux attelés à une voiture ; un Modèle en petit d'Affût de canon.

1062. M. *Legros*, rue des Amandiers-Sainte-Geneviève, n.° 3 : Lit hydrostatique à l'usage des hôpitaux.

1063. M. *Dobot*, rue de Charonne, n.° 88 : Modèle d'un nouvel Encliquetage.

1064. M. *Auger*, fabricant de chocolats, rue Neuve des Petits-Champs, près le Marché des Jacobins : Bocards servant à réduire en poudre impalpable le cacao et autres substances ; diverses Machines servant à la préparation des chocolats.

1065. M. *D****, rue Saint-Martin, n.° 228 : Projet d'une Machine astronomique représentant les phénomènes remarquables du système solaire , les mouvemens apparens des astres autour de la terre et les mouvemens vrais des planètes, &c.

1066. M. *Champenois*, rue                              : Modèle d'une Mécanique appelée *Triple Caisse à vent*, à l'usage des grosses forges et hauts fourneaux.

1067. M. *Sounek*, rue de la Licorne, n.° 13 : Jambe artificielle ; deux Étuis, l'un d'avant bras, l'autre à pilon.

1068. M. *Castéra*, rue Beauregard, n.° 15 : Modèle de Chariots et de Paniers de secours pour les incendies.

1069. M. *Pénicaud*, de Limoges (Haute-Vienne) : Une Machine à enlever les fardeaux.

1070. M. *Souffrant*, au Point du Jour : Machine à laver la laine.

1071. MM. *John Collier* et le baron *de Neuflise*, rue Richer : Une Tondeuse, deux Cylindres de carde.

1072. M. *Derguy*, rue de la Tour, n.° 12 : Pompe portative en cuivre pour les incendies.

1073. M. *Murat*, rue de Vaugirard, n.° 42 : Machine propre à faire des expériences relatives à l'enfoncement des pieux dans l'eau.

1074. M. *Godin*, rue de Poliveau, n.° 21 : Deux Modèles de son Levier hydraulique, machine économique pour arroser les prairies.

1075. M. *Vernon*, rue de Bellefond, n.° 4 : Machine hydraulique pouvant servir à remplacer toute sorte de pompes.

1076. M. *Montgolfier*, rue de Bondy, n.° 18 : Quatre beliers hydrauliques de divers diamètres, et un modèle en petit de la même machine ; une Presse hydraulique appliquée à l'extraction des huiles, et une paire de Cylindres pour écraser les graines oléagineuses.

1077. M. *Raymond*, rue Coquenard, n.° 16 : Modèle d'un Bateau propre à remonter les rivières.

1078. M. *Launay*, rue du Faubourg Saint - Honoré, n.° 100 : Tonneau hydraulique.

1079. M. le Baron *Cagniard de la Tour*, rue du Rocher, n.° 36 : Trois Machines ;

La première A, *la Cagniardelle*, machine soufflante hydraulique : application de la vis d'Archimède ;

La deuxième B, *la Sirène*, machine d'acoustique pour mesurer les vibrations du son ;

La troisième C, Pompe à vapeur à explosion.

1080. M. *Dacheux*, préposé des douanes au Port-Saint-Nicolas : Trois petits Modèles de vaisseaux.

1081. M. *Porcher*, rue                    à Paris, Pompe sans intermède ou machine hydraulique.

1082. M. *Duchemin*, quai de l'Horloge, n.° 75 : Une Montre marine ou Chronomètre.

1083. M. *Berguiller*, horloger, rue du Petit-Lion-Saint-Sauveur, n.° 13 : Une Montre astronomique à équation, avec un planisphère.

1084. M. *Wagner*, rue du Cadran : Horlogerie.

1085. M. *Étienne*, enclos du Panthéon : Trois Colonnes servant de pendule, de thermomètre et de baromètre.

1806. M. *Bréguet*, quai de l'Horloge, n.° 79 : Une Pendule astronomique double ; une Montre double, sur les principes des horloges marines ; un nouveau Compteur astronomique ; Horloge marine marchant huit jours ; une autre marchant cinquante heures ; les mouvemens seuls à découvert.

Une autre Horloge marine ; un Garde-temps de poche, ordinaire ; Montre simple à équation ; Garde-temps, quantième perpétuel ; petite Montre établie pour S. A. R. le duc *de Cambridge ;* Montre établie pour S. M. l'Empereur de Russie ; Horloge marine et Montre à longitude, exécutées pour M. le comte *de Sommariva ;* Pendule et Montre sympathiques ; Montre marine portative, d'une nouvelle disposition ; Montre astronomique, nouvelle et portative ; Montre à longitude, à tourbillon ; Compteur militaire ; nouveau Thermomètre métallique d'une sensibilité extraordinaire ; Pendule de voyage à répétition, à grande sonnerie ; Pendule de voyage plus petite et seulement à répétition.

1087. M. *Hartmann*, rue Tiquetonne, n.° 17 : Deux Pendules.

1088. MM. *Berthoud* frères, rue de Richelieu, n.° 103 : Deux Montres marines à suspension, et une Montre marine portative.

1089. M. *Tissot*, rue Quincampoix, n.° 53 . Sonnerie
d'horloge simplifiée.

1090. M. *Pecqueur*, chef des ateliers du Conservatoire
des arts et métiers : Pendule marquant le temps
sidéral et le temps moyen avec un balancier à
compensation mis en mouvement par le mercure.

1091. MM. *Beurnier* frères , à Seloncourt ( Doubs ) :
Ébauches de Montres.

1092. MM. *Mandeler* et compagnie, à Planche-les-Mines
(Haute-Saone) : Carrés de Montre.

1093. M. *Faveret*, de Jussey ( Haute-Saone ) : Une Pendule , et une Machine dite *cylindrimétrique* pour
l'horlogerie.

1094. MM. *Peugeot* frères , à Hérimoncourt ( Doubs ) :
Ressorts pour pendules et montres.

1095. M. *Mathey-Doret*, à Besançon ( Doubs ) : Montres
en or et argent.

1096. M. *Perron*, à Besançon (Doubs) : Montre de marche.

1097. M. *Pons*, à Saint-Nicolas-d'Aliermont (Seine-Inférieure ) : Horlogerie.

1098. M. *Destigny*, à Rouen ( Seine-Inférieure ) : Une
Pendule et divers Instrumens d'horlogerie.

1099. M. *Lepaute* fils , rue Saint-Thomas-du-Louvre,
n.° 42 : Grande Horloge à équation ; plusieurs
Pendules astronomiques, et autres.

1100. M. *Bourdier*, rue Saint-Sauveur , n.° 14 : Pendules

1101. M. *Oudin*, au Palais royal, n.° 52 : Une montre
dont il est l'inventeur.

1102. M. *Chemin*, rue de la Ferronnerie, n.° 4 : Balances
mécaniques.

1103. M. *Duchemin*, quai de l'Horloge, n.° 75 : Sonde marine.

1104. M. *Hanin*, rue Neuve-Notre-Dame, n.° 23 : Pesons ou Romaines à cadran.

1105. M. *Hoyan*, rue Saint-Martin, n.° 299 : Tabatière à calculer.

1106. M. *Denuelle*, rue de la Ville-l'Évêque, n.° 46 : Collection complète des Corps solides et des Surfaces ( petits modèles en bois d'alizier ).

1107. M. *Regnier*, rue du Colombier, n.° 50 : Divers Ouvrages de mécanique et d'horlogerie.

1108. M. *Rouy*, rue Hauteville, n.° 38 : Mécanisme uranographique.

1109. M. *Jambon*, rue des Rosiers, n.° 6 : Une Machine planétaire à rouage d'après le système de Copernic ; une Sphère armillaire à rouage d'après le système de Ptolémée.

1110. M. *Poirson*, rue Saint-Pierre-Montmartre, n.° 15 : Sphère.

1111. M. *Vincent Chevalier* aîné, quai de l'Horloge, n.° 69 : Instrumens d'optique.

1112. M. *Allizeau*, quai Malaquais, n.° 15 : Collection de figures pour démontrer les principes de l'optique et de la géométrie.

1113. M. *Soleil*, opticien, rue des Filles-Saint-Thomas, n.° 2 : Baromètres, Chambres noires, Instrumens d'optique.

1114. M. *Cauchoix*, quai Voltaire : Instrumens d'optique.

1115. M. *Richer* aîné, quai Pelletier, n.° 32 : Divers Instrumens d'aréométrie comparative.

1116. MM. *Richer* père et fils, boulevart Saint-Antoine, n.° 71 : Pied de sphère de grandeur colossale en cuivre, fer et acier.

1117. MM. *Hugot* fils et *Vèbre*, à Semur ( Côte-d'Or ) : Romaine oscillante et son poids.

1118. M. *Alexis Girard*, à la Grand'Combe ( Doubs ) : Balance romaine et ses poids.

1119. M. *Deprez* fils, à Monthermé ( Ardennes ) : Fléaux de balance.

1120. M. *Viard*, à Rouen ( Seine-Inférieure ) : Secteur ou Romaine et Compteurs différentiels.

1121. M. *Jecker*, rue de Bondy : Instrumens de marine.

1122. M. *Lerebours*, place du Pont-Neuf, n.° 13 : Instrumens d'optique et de physique.

1123. M.^me *Hervieux*, née *Fontenay*, rue de la Lune, n.° 37 : Un Aréomètre-thermomètre.

1124. M. *Assier-Perricat*, rue Saint-Antoine, n.° 129 : Instrumens de physique et de chimie.

1125. M. *Collot*, boulevart des Filles du Calvaire, n.° 17 : Deux Thermomètres de poche, l'un au mercure, l'autre à l'esprit de vin ; un *idem* avec boussole.

1126. MM. *Delamarche* et *Dien*, ingénieurs-géographes, rue du Jardinet, n.° 13 : Deux Globes, l'un terrestre, l'autre céleste.

1127. M. *Langlois*, rue de Seine, n.° 12 : Globes terrestres et Cartes de topographie.

1128. M. *Peschot*, rue des Filles-Saint-Thomas, n.° 18 : Chronomètre français monté sur une glace.

1129. MM. *Treuttel* et *Würtz*, libraires, rue de Bourbon, n.° 17 : Collection des auteurs latins et grecs ;

Journal de littérature française ou Indicateur bibliographique ; Journal de littérature étrangère ; Archives des découvertes et des inventions nouvelles dans les sciences, les arts et les manufactures ; plusieurs autres Ouvrages.

1130. M. *Hoyau*, rue Saint-Martin, n.° 299 : Une Presse à copier, portative.

1131. M. *Éberhart*, rue du Foin-Saint-Jacques : *Xénophon* et *Thucydide* grec, latin et français, par *Jean-Baptiste Gail*, lecteur royal, &c. ; plus, du même ouvrage, un *Exemplaire unique sur peaux vélin satinées*, 20 vol. in-4.°

1132. MM. *Henri Didot* et compagnie, rue du Petit-Vaugirard, n.° 13 : Moule à refouloir, avec toutes ses pièces ; Fontes de divers caractères ; Boîtes contenant des Réglets de divers caractères d'imprimerie.

1133. M. *Pierre Didot* : Produit d'un moule contenant dix-neuf lettres à-la-fois et d'un seul coup ; Œuvres de Boileau ; la Henriade ; une Collection en 19 volumes, dédiée à MADAME, Duchesse d'Angoulême ; une Collection des meilleurs Ouvrages de la langue française, et les Œuvres de Racine, avec 57 estampes.

1134. M. *Léger*, place de l'Estrapade, n.° 28 : Six Cadres de caractères et vignettes ; un Modèle de mécanique à fondre les caractères.

1135. M. *Molé*, rue de la Harpe, n.° 78 : Épreuves de caractères, Vignettes, &c. Échantillons de Garnitures d'imprimerie à jour.

1136. M. *Gillé*, rue Saint-Jean-de-Beauvais, n.° 18 : Cinquante-deux Cadres d'Épreuves de caractères d'imprimerie.

1137. M. *Leblanc*, rue de Crussol, n.º 15 : Cadres contenant des épreuves de l'ouvrage intitulé , *Recueil des instrumens et machines servans à l'économie rurale* ; un Cahier de cet ouvrage ( 1.re livraison).

1138. M. *Argand*, à Montmartre, passage Orsel : Exemplaire des Arbitrages mécaniques.

1139. M. *H. Amelin-Bergeron*, rue de la Barillerie n.º 15 : Un Exemplaire du Manuel du tourneur, en 3 vol. in-4.º, dont un atlas de 96 planches.

1140. M. *Lecrêne*, relieur à Caen (Calvados) : Un Registre à dos élastique ; Échantillons de Reliures.

1141. M. *Thouvenin*, rue Saint-Victor, n.º 36 : Reliures.

1142. M. *Simier*, relieur du Roi, rue Saint-Honoré : Reliures.

1143. M. *Lesné*, rue des Grès-Saint-Jacques, n.º 5 : Reliures.

1144. M. *Lunier-Bellier*, libraire, à Tours (Indre-et Loire) : Échantillons de Reliures, 3 volumes.

1145. M. *Horace Brunet*, à Lyon ( Rhône ) : Presse à copier les Lettres.

1146. M. *Constantin*, à Nancy ( Meurthe ) : Épreuves de caractères d'imprimerie.

1147. M. *Périaux*, à Rouen ( Seine - Inférieure ) : Carte du département en caractères mobiles.

1148. M. *Astruc*, rue Jean-Jacques-Rousseau, n.º 13 : Un Registre d'une reliure particulière.

1149. M. *Purgold*, rue Cassette, n.º 18 : Reliures.

1150. M. *Herhan*, rue Servandoni, n.º 13 : Clichés perfectionnés de différens formats ; Cadres de produits de ces Clichés.

1151. MM. *Treuttel* et *Wurtz*, libraires, rue de Bourbon, n.° 17 : Voyage pittoresque de Constantinople et des rives du Bosphore, d'après les dessins de M. *Melling*, avec cinquante-deux planches, dont trois cartes in-folio. Histoire de l'art par les monumens, depuis sa décadence au IV.<sup>e</sup> siècle, jusqu'à son renouvellement au XVI.<sup>e</sup>, par M. *Seroux d'Agincourt*, avec trois cent vingt-cinq planches.

1152. M. *Thomson*, rue des Noyers, n.° 33 : Cadre de Gravures (procédé anglais).

1153. M. Duplat, rue du Cloître-Saint-Benoît, n.° 26 : Cadre de Gravures en relief sur pierre, planches en plomb et en pierre.

1154. M.<sup>me</sup> *Bougon*, rue Saint-Jean-de-Beauvais, n.° 16 : Cadre de Gravures (procédé anglais).

1155. M. *Ponce*, cu-de-sac des Feuillantines, n.° 10, faubourg Saint-Jacques : Volumes de Gravures.

1156. M. *Bougon* fils, rue Saint-Jean-de-Beauvais, n.° 16 : un Cadre de Gravures en bois.

1157. M. *Henri Laurent*, rue Neuve-des-Mathurins, n.° 20 : Volumes et collections de Gravures et Estampes.

1158. M. *Deseve*, rue Saint-Victor, n.° 112 : la Galerie de Rubens.

1159. M. *Gastel* et compagnie, rue de Cléry, n.° 42 : nombre de Cadres contenant des Dessins.

1160. M. *Cornouaille*, rue Contrescarpe, n.° 21 : Cadres contenant des épreuves de Billets de la banque de Rouen, et des épreuves de Vignettes.

1160. M. *Tréchard*, cour de la Fontaine de Grenelle : six Cadres représentant un Projet de secours contre l'incendie.

F

1162. M. *Redouté*, peintre d'histoire naturelle, rue de Seine-Saint-Germain, n.° 6 : diverses Collections de Gravures de Plantes en couleur et en noir ; l'Histoire des chênes de l'Amérique septentrionale, et le *Sertum anglicum* de l'Héritier.

1163. M. *Hardy*, quai des Augustins, n.° 21 : Cadres et volumes de Peintures et Gouaches à la volpato.

1164. MM. *Lavallée* et *Reville*, rue de la Harpe, n.° 80, et quai des Ormes, n.° 81 : Carton et Cadres de Gravures

1165. M.^me veuve *Filhol*, rue de l'Odéon, n.° 35 : divers Exemplaires du Musée de France et du Concours décennal ; divers Dessins et Gravures encadrés.

1166. M. *Viollet Letort*, à Tours (Indre-et-Loire) : Dessin allégorique en lampas.

1167. M. *Dommenjou*, instituteur à Foix ( Ariége ) : le Portrait de S. M. *Louis XVIII* fait à la plume.

1168. M. *Biard* jeune, boulevart du Mont-Parnasse, n.° 63 : Cadres de Dessins.

1169. M. *Marlet*, rue de Seine, n.° 1 : Cadres de Gravures lithographiques.

1170. M. *Senefelder*, rue Servandoni, n.° 13 : Papygraphie.

1171. M. *Engelmann*, à Mulhausen ( Haut-Rhin ) : Cadres de Lithographie.

1172. M. *Engelmann*, rue Louis-le Grand, n.° 37 : Cadres de Gravures lithographiques.

1173. M. *Baudry-Duhamel*, quai de Billy, rue des Blanchisseuses, n.° 8 : Carrelages en mosaïque.

1174. M. *Simard*, rue de la Barillerie, n.° 18 : Parquets en mosaïque et à compartimens.

1175. MM. *Boileau* et *Vincent*, rue Saint-Maur, faubourg du Temple, n.° 76 : Tableaux dits *Mosaïques métalliques*.

1176. M. *Belloni* ( manufacture royale de mosaïque sous la protection du Roi ), rue              : deux Tables et un Portrait du Roi en mosaïque.

1177. M. *Straubharth*, rue Girard-Boquet, n.° 2 : Table en mosaïque, en métal, en creux.

1178. M. *Gallet*, rue Montorgueil, n.° 96 : une Mosaïque en insectes et papillons.

1179. *Manufacture de Saint-Quirin* (Meurthe) : une grande Glace de 60——42 ; une moyenne de 28——20.

1180. *Manufacture des Glaces*, à Paris, M. *Denaurois*, directeur : cinq Glaces d'une grande dimension ; une moyenne, et une Feuille d'étain.

1181. M. *Lefevre*, quai Saint-Paul, n.° 6 : Glaces.

1182. *Manufacture de Saint-Quirin* ( Meurthe ) : Verre de couleur ; Verre en table ; Verre à vitre ; Cylindres ronds ; Cylindre aplati.

1183. M. *Lecœur*, rue du Contrat-social, n.° 5 : Meubles et Nécessaires en verre filé.

1184. M. *Gibon*, rue de Valois, n.° 10 : une Pendule à colonnes et divers ouvrages en Verre filé.

1185. M.me *Boisrichard*, veuve *Rémond*, rue Neuve-d'Orléans, n.° 20 : deux Lustres en cristal de roche.

1186. M. *Luton*, rue du Marché-Neuf, n.° 7 : Verrerie commune et Cristal taillé.

1187. *Manufacture royale du Mont-Cenis*, boulevart Poissonnière, n.° 11 : Cristaux.

1188. MM. *Delachinal, Hazard, Béthune, Dupère* et compagnie, de Sars-Poterie (Nord) : Verrerie.

1189. M. *Florion*, verrerie de Biesme, à la Vignette (Marne) : Verre d'Alsace.

1190. M. ***,                (Aube) : deux Vases de verre.

1191. M. *Desvignes*, rue de Lancry, n.° 28 : Cristaux dorés.

1192. M. *Grimblot*, à Canette près le Luc (Var) : Gobelet en cristal taillé.

1193. M. *David*, lapidaire, à Septmoncel (Jura) : Pierres vertes taillees en diamans.

1194. M. *Cazin*, à Hardinghem (Pas-de-Calais) : Verrerie.

1195. M. ***,                (Var) : Deux Vases de cristal.

1196. MM. *Bertholin* et *Restignac*, à Abreschwiller (Meurthe) : Verrerie.

1197. M. *Bella*, à Plaine-de-Valsch (Meurthe) : Verrerie.

1198. M. *Boyer*, à Thuison-lès-Abbeville (Somme) : six Bouteilles; une Dame-jeanne; un cadre de Verre à vitre.

1199. M. *Deviolaine*, à Prémontré (Aisne) : Verre à vitre et Bouteilles.

1200. M. *de Poilly*, à Folambray (Aisne) : Bouteilles; Cloches de jardin; Tables à dessus de verre imitant l'agathe.

1201. Verrerie de Gœtzembruck (Moselle) : Caraffes; Gobelets, &c. en verre.

1202. M. *Virgile de la Vigogne*, à Guerville (Seine-Inférieure) : Verrerie.

1203. M. *le Varlet Duval d'Aunay*, à Saint-Riquier (Seine-Inférieure) : Verrerie.

1204. *Verrerie de Meysenthal* (Moselle) : Carafes, Flacons, &c., en verre.

1205. M. le marquis *de Louvois*, propriétaire de la manufacture de Maulne, à Crussy (Yonne) : Verrerie.

1206. M. *Ragaine*, à Tourouvre (Orne) : Verrerie.

1207. *Verrerie royale de Saint-Louis* (Moselle) : Candélabres, Verres, Carafes, &c. &c., en cristal.

1208. *Verrerie de Creutzwald* (Moselle) : Candélabres et Objets divers en verre et en cristal.

1209. M.^me veuve *Desarnaud*, au Palais-Royal : Meubles de cristaux.

1210. M. *Philidor*, rue de Bondy, n.° 10 : Cristaux.

1211. MM. *Burqun-Schvérer* et compagnie, à Meysenthal (Moselle) : Verrerie.

1212. M. *Mortelèque*, rue du Faubourg Saint-Martin, n.° 132 : plusieurs Tableaux et Sujets peints sur verre.

1213. M. *Felly*, rue Saint-Guillaume, n.° 29 : deux Glaces gravées, représentant, l'une le portrait équestre de S. A. R. MONSIEUR, Comte d'Artois ; l'autre, un buste de S. M. l'Empereur Alexandre.

1214. M. *Provent*, rue Salle-au-Comte, n.^os 4 et 6 : Parure et autres Bijoux en acier.

1215. MM. *Lecoufflé* et *Baudin*, rue Saint-Denis, n.° 242 : Bijouterie.

1216. M. *Leconte*, rue de Xaintonge, n.° 44 : divers objets de Bijouterie.

1217. M. *Beaugeois*, rue Chabanais, n.° 11 : Plusieurs articles de Bijouterie.

1218. M. *Buisson,* rue Saint-Honoré, n.° 140 : une Fontaine en argent ciselé.

1219. M. *Mention,* rue des Blancs-Manteaux, n.° 41 : Bijouterie en strass.

1220. M. *Paris,* passage Montesquieu, n.° 13 : Peinture en émail ; Émaux et métaux incrustés dans du verre.

1221. M. *Firmin,* joaillier, rue des Bons-Enfans, n.° 2 : petit Modèle de Navire en argent.

1222. M. *Bourguignon,* rue Michel-le-Comte, n.° 18 : Bijouterie montée en Pierres de strass.

1223. M. *Cahier,* quai des Orfévres, n.° 58 : Orfévrerie et Bijouterie.

1224. Manufacture de coraux de S. A. R. Madame duchesse *d'Angoulême,* rue de Grammont, n.° 25 : Ouvrages en Corail.

1225. M. *Biennais,* rue Saint-Honoré, n.° 283 : Vase Médicis orné de bas-reliefs en argent vermeil, ayant vingt-cinq pouces de hauteur.

1226. M. *Fauconnier,* orfévre, rue du Bac, passage Sainte-Marie : Vase d'argent et divers Ouvrages d'orfévrerie.

1227. M. *Odiot,* rue l'Évêque, n.° 1.er : Orfévrerie.

1228. M. *Bodson,* rue Grange-aux-Belles, n.° 29 : Tableau sur porcelaine ; Glace et divers objets en Cristal ou Porcelaine peints.

1229. M. *Bernard,* peintre en porcelaine, rue d'Angoulême, n.° 12 : la Vierge de Raphaël dessinée sur porcelaine.

1230. M. *Gonord,* rue Saint-Antoine, n.° 69 : Porcelaines.

1231. MM. *Cadet-Devaux* et *Denuelle,* rue de Crussol, n.° 8 : Porcelaines.

1232. M. *Spooner*, rue du Cadran, n.° 9 : Porcelaines et Faïences.

1233. M. *Desprez*, rue des Récollets, n.° 2 : Capsules de porcelaine allant au feu.

1234. M. *Schœlcher*, boulevart Italien, au coin de la rue Grange-Batelière : Porcelaines.

1235. MM. *Nast* frères, rue des Amandiers-Popincourt, n.° 28 : Porcelaines.

1236. M. *Alluaud*, de Limoges ( Haute-Vienne ) : Porcelaines.

1237. M. *Joachim Langlois*, de Bayeux ( Calvados ) : Porcelaines.

1238. M. *Tharaud*, de Limoges ( Haute-Vienne ) : Porcelaines.

1239. M. *Mouchard*, à Angoulême ( Charente ) : Porcelaines.

1240. M. *Lanfreeg*, à Niderwiller ( Meurthe ) : Groupe en biscuit représentant le Jugement de Paris.

1241. M. *Burguin*, à Lurey-Lévy ( Allier ) : Porcelaines.

1242. M. *Darte*, rue de la Roquette, n.° 90 : Porcelaines.

1243. M. *Jullien*, successeur de M.<sup>me</sup> veuve *Lallouette*, rue des Gresillons, n.° 7, près celle de la Pépinière : Porcelaines.

1244. MM. *Dagoty* et *Honoré*, boulevart Poissonnière, n.° 4 : Porcelaines.

1245. M. *Frémont* rue du faubourg Montmartre, n.° 11 ( *Legros d'Anizy*, inventeur ) : Faïences, porcelaines, &c. imprimées.

1246. M. *Leclerc*, rue Thévenot, n.° 5 : deux Vases en porcelaine, peints.

1247. M. *Froment*, rue de l'Arbre-Sec, n.° 47 : Tableau peint sur porcelaine.

1248. M. *Legost*, rue Saint-Sébastien, n.° 42 : Vase de porcelaine peint.

1249. M. *Dihl*, rue du Temple, n.º 137 : Porcelaines.

1250. M. *Girard*, rue Saint-Louis, n.º 45 : Porcelaine peinte :

1251. M. *Dailly*, rue du Caire, n.º 22 : divers Cadres de sculpture en terre cuite.

1252. M. *Fiolet*, à Saint-Omer ( Pas-de-Calais ) : Tuiles.

1253. M. *Mollerat*, à Dijon ( Côte-d'Or ) : Briques cuites et crues ; Flacon de terre en poudre pour la fabrication des briques.

1254. M. *Delamettairie* et compagnie, à Rouen ( Seine-Inférieure ) : Vases bronzés.

1255. M. *Jullien*, à Orléans ( Loiret ) : Carreaux en terre cuite.

1256. M. *Lanjorois*, à Charolles ( Saone-et-Loire ): Briques réfractaires.

1257. M. *François l'Herminier*, à Fossé près Forges ( Seine-Inférieure ) : Poterie.

1258. M. *Esneu*, à Geos ( Manche ) : Bouteilles en terre cuite.

1259. M. *Philippe Behr*, à Givet ( Ardennes ) : Vase de terre pure teint par un procédé nouveau.

1260. M. *Billing* ( *d'Anizy*, inventeur ) : Tuiles de différentes formes.

1261. M. *de Saint-Criq-Cazeaux*, à Creil ( Oise ) : Faïence.

1262. M. *Enfert*, de                ( Nièvre ) : Faïence.

1263. MM. *Dubois* père et fils, de                ( Nièvre ) : Faïence et Terre brune.

1264. M. *Joachim Langlois*, de Bayeux ( Calvados ) : Poteries et Faïence.

1265. M. *Mouchard*, d'Angoulême (Charente) : Terre brune.

1266. M. *Armbruster*, à Lunéville (Meurthe) : Faïence.

1267. M. *Keller*, à Lunéville (Meurthe) : Faïence.

1268. M. *Grandmongin*, à Lunéville (Meurthe) : Faïence.

1269. M. *Loyal*, à Tours (Indre-et-Loire) : Poterie.

1270. M. *Massé-Dubois*, à Tours (Indre-et-Loire) : Poterie.

1271. M. *Durand*, à Tours (Indre-et-Loire) : Poterie.

1272. M. *Deguelle*, à Tours (Indre-et-Loire) : Poterie.

1273. M. *Guillemot-Épron*, à Tours (Indre-et-Loire) : Poterie.

1274. M. *Barrat*, à Tours, (Indre-et-Loire) : Poterie.

1275. M. *Fouques*, à Toulouse (Haute-Garonne) : Faïence.

1276. M. *Dubois*, à Lurey-Lévy (Allier) : Faïence.

1277. M. *de Saint-Cricq-Caseaux*, à Montereau-faut-Yonne (Seine-et-Marne) : Faïence.

1278. MM. *Distrès* et *Dammann*, à Forges (Seine-Inférieure) : Faïence.

1279. M. *Pape*, à Aumale (Seine-Inférieure) : Faïence.

1280. MM. *Fabry* et *Utschneider*, à Sarguemines (Moselle) : divers Articles en porphyre, terre rouge et cailloutage.

1281. M. *Fiolet*, à Saint-Omer (Pas-de-Calais) : Pipes.

1282. M. *Lanjorois*, à Charolles (Saone-et-Loire) : Terrines, Creusets, Cruches à bière en grès.

1283. M. *Laurent Gilbert*, à Orléans (Loiret) : Creusets.

1284. M. *Révol*, à Lyon (Rhône) : Cruches à bière et Creusets de différentes grandeurs.

1285. M. *Giraud*, de Marseille (Bouches-du-Rhône):
Creusets.

1286. M. *Hazard-Mirault*, rue Sainte-Apolline, n.º 2:
Cadres d'Yeux artificiels.

1287. M. *Desjardins*, boulevart du Temple, n.º 33 : Un
cadre d'Yeux artificiels.

1288. M. *Lelong*, rue des Colonnes , n.º 12 : Cadres
d'Émaux en relief, et Tableaux garnis de médaillons aussi en émail.

1289. M. *Hirsch*, rue Porte-Foin, n.º 3, au Marais : Candélabres et Sculptures d'ornement en carton-pierre.

1290. MM. *Dénières* et *Matelin*, rue Vivienne, n.º 15:
Surtout de table ; Vases de Médicis ; Vases
forme étrusque ; Coupes, Candélabres, &c.

1291. M. *Hadrot*, rue des Fossés-Montmartre, n.º 14 :
Bronzes.

1292. M. *Jaime*, rue Frépillon, n.º 22 : Bronzes et
Dorures.

1293. M. *Galle*, Rue Colbert, n.º 1 : Bronzes.

1294. M. *Bugnot*, rue de la Perle, n.º 14 : Ornemens en
bronze de meubles et d'appartemens, au vernis
d'or.

1295. M.[me] *Boisrichard*, veuve *Rémond*, rue Neuve-
d'Orléans, n.º 20, porte Saint-Denis : une
Cheminée pouvant servir de console, en marbre
vert antique, avec des Chimères en bronze et
bas-relief doré au mat.

1296. M. *Gilbert*, rue du Croissant, n.º 9 : Candélabres.

1297. M. *Lenoir-Ravrio*, rue des Filles-Saint-Thomas,
n.º 19 : Candélabre, Surtout de table et Vase.

1298. M. *Lenoir-Ravrio*, rue des Filles-Saint-Thomas, n.° 19 : Statue copiée de l'antique.

1299. M. *Ledure*, rue Vivienne, n.° 16 : Bronzes.

1300. M. *Thomire*, de Paris : un Vase ; une Table et une Coupe en malachite, ornés de ciselures.

1301. M. *Rémond*, ébéniste du garde-meuble, rue des Champs-Élysées, n.° 6 : un Meuble dit *Peson*, en bois d'Amboine et frêne, exécuté pour S. A. R. M.<sup>me</sup> la duchesse *de Berri*.

1302. M. *Frichot*, rue des Gravilliers, n.° 42 : Cadres d'échantillons de Marqueterie.

1303. MM. *Dénières* et *Matelin*, rue Vivienne, n.° 15 : Berceau en bois indigène et bronzes dorés, exécuté pour S. A. R. M.<sup>me</sup> la duchesse *de Berri*. — L'ébénisterie est de M. *Rémond*, ébéniste du garde-meuble.

1304. M. *Desmarets*, place de l'Hôtel de-ville, n.° 35 : Nécessaires, Miroirs, Tableaux et Bureaux.

1305. M. *Maire*, rue Saint-Honoré, n.° 154, vis-à-vis l'Oratoire : Nécessaires.

1306. MM. *Chanon* et compagnie, à Paris : Meubles et Bronzes.

1307. M. le marquis *de Paroy*, à Paris : divers Objets d'art.

1308. M. *Lefévre*, rue Saint-Bernard, n.° 21, faubourg Saint-Antoine : Rouleau d'Acajou pour placage.

1309. M. *Haeks*, rue du faubourg Saint-Antoine, n.° 47 : Feuilles de Bois d'acajou pour placage.

1310. M. *Andelle*, rue Poissonnière, n.° 21 : Balais.

1311. M. *Rascalon*, rue Saint-Martin, n.° 228 : Meubles.

1312. M. *Williams Smith*, rue et cu-de-sac Coquenard, n.° 22 : Meubles à peinture chinoise et Plateaux.

1313. M. *Cardinet*, rue du faubourg du Temple, n.ᵒˢ 57 et 59 : Lit en acajou, fond à ressorts.

1314. M. *Sagstête*, menuisier-ébéniste, à Limoges (Haute-Vienne) : Objets d'Ébénisterie.

1315. M. *Bray*, à Verdun (Meuse) : Écusson aux armes de France, en marqueterie de bois indigène.

1316. M. *Puteaux*, ébéniste, grande rue Taranne, n.ᵒ 10 : Meubles en bois indigène.

1317. M. *Werner*, rue de Grenelle-Saint-Germain, n.ᵒ 126 : Ébénisterie et Meubles en bois indigène.

1318. M. *Jacob Desmalter*, rue Meslée, n.ᵒ 57 : Meubles.

1319. M. *Duval*, rue des Petits-Augustins, n.ᵒ 17 : Berceau, Meubles en acajou.

1320. M. *Vils*, rue de Charenton, n.ᵒ 32 : Ouvrages de tour en ébène et en acajou.

1321. M.ˡˡᵉ *Zeutler*, à Lyon (Rhône) : petit Fauteuil brodé en canetille.

1322. M. *Ménager*, rue            : Modèle de la Fontaine de Saint-Sulpice.

1323. M. *Garnerey*, rue Saint-Honoré, n.ᵒ 123 : Dorures sur bois.

1324. M. *Pieri*, rue Fromenteau, n.ᵒ 1 : Dorures sur bois ; Meubles et autres objets.

1325. M. *Colleta*, rue Mandar, n.ᵒ 18 : Tabatières.

1326. M. *Defrance*, tabletier, rue Charlot, n.ᵒ 15 : plusieurs Boîtes et autres objets de Tabletterie.

1327. M. *Charpentier*, grande rue du faubourg Saint Antoine, n.ᵒ 86 : Ouvrages de tour.

1328. M. *Dufour*, rue Beaubourg, n.ᵒ 48 : Éventails en bois de sandal, découpés à jour.

1329. M. *Chéron*, tabletier du Roi, rue Neuve-des-Petits-Champs, n.º 52 : Ouvrages d'ivoire au tour, dits communément *Difficulté vaincue.*

1330. M. *Hue*, rue du Caire, n.º 22 : Tabletterie.

1331. M. *Souillard*, rue Pagevin, n.º 24 : divers Ouvrages en bas-relief, exécutés avec une composition particulière de *matière plastique.*

1332. M. *Moulin-Dufresne*, de Vire ( Calvados ) : Tabatières en corne.

1333. M. *David*, de Méru ( Oise ) : Ouvrages de tabletterie.

1334. M.ᵐᵉ veuve *Troyon*, à Sèvres ( Seine-et-Oise ) : Tableaux en plumes, petits Objets en miniature.

1335. M. *Prevost*, à Rouen ( Seine-Inférieure ) : Bombonnières et Sabot de corne servant à leur fabrication.

1336. M. *Witz*, à Mulhausen ( Haut-Rhin ) : Paysages en relief.

1337. MM. *Th. Viviès* et fils , à Sainte-Colombe-sur-l'Hers ( Aude ) : Ouvrages en jaïet.

1338. M. *Roujas-Raimond*, à Mas-d'Azil ( Ariége ) : Échantillons de Peignes.

1339. M. *Boulon* père et fils, à Bastide-sur-l'Hers ( Ariége ) : Échantillons de Peignes.

1340. M. *Bergès*, à Bastide-sur-l'Hers ( Ariége ) : Divers articles en jay.

1341. M. *Escot-Palanque*, à Bastide-sur-l'Hers ( Ariége ) : Divers articles en jay.

1342. M. le chevalier *Beunat*, propriétaire de la manufacture de Sarrebourg ( Meurthe ) : un Trumeau doré avec glaces.

1343. M. *Renault*, rue Saint-Denis, n.° 374 : Éventail en ivoire découpé à jour et peint.

1344. M. *Bellant* cadet, à Toulouse ( Haute - Garonne ) : trois paires de Flambeaux de composition.

1345. M. *Beckers*, rue du Roule, n.° 3 : deux Harpes et un Piano.

1346. M. *Millan*, rue Beaujolais, n.° 16 : Cordes pour les instrumens de musique.

1347. M. *Chanot*, rue Saint-Honoré, n.° 216 : Instrumens de musique.

1348. M. *Boilleau* fils, quai de la Mégisserie, n.° 34 : Cor en bois.

1349. M. *Lemmé*, rue d'Orléans, n.° 7 : Forté-piano.

1350. M. *Pienne*, rue de la Monnaie, n.° 11 : Dactylographe ou Clavier destiné à transmettre, au moyen du toucher, les signes de la parole, à mettre en rapport des sourds-muets avec des aveugles, et à communiquer sa pensée d'un appartement à un autre.

1351. M. *Moulet*, rue du Bac, n.° 15 : Cycle harmonique pour faciliter l'étude de l'accompagnement.

1352. M. *Cousineau*, rue Dauphine, n.° 20 : une Harpe à nouvelle mécanique.

1353. M. *Schmidt*, facteur d'instrumens, rue      : Pianos.

1314. M. *Pajeot*, à Mirecourt (Vosges) : un Archet.

1355. M. *Breton*, à Mirecourt (Vosges) : un Violon pour les *quatuors*.

1356. M. *Nicolas*, à Mirecourt (Vosges) : un Violon pour les symphonies.

1357. M. *André Savaresse*, à Tours (Indre-et-Loire) : Cordes pour instrumens divers.

1358. MM. *Érard* frères, rue du Mail, n.ᵒˢ 13 et 21 : Pianos et Harpes.

1359. *Labbaye* fils, rue de Grenelle-Saint-Germain, n.° 39 : Instrumens de musique.

1360. M. *Delaborne*, rue de Cléry, n.° 84 : Guitare à *double jeu* et à *registres*.

1361. M. *Rabinel*, de Marseille (Bouches-du-Rhône) : Échantillons d'Alun.

1362. M. *Delpech*, à Mas-d'Azil (Ariége) : Échantillon d'Alun.

1363. M. *Moreau d'Olibon*, baron *de la Rochette*, à Urcel (Aisne) : Sulfate de fer et Alun.

1364. M. *Pecard*, à Tours (Indre-et-Loire) : Échantillons de Cristaux provenant de minium pur et cuivreux.

1365. M. *Pecard*, à Tours (Indre-et-Loire) : un Baril de Minium pur.

1366. M. *Roard*, de Clichy : Céruse de Clichy, Minium, Mine-orange.

1367. M. *Gabriel Desables*, de Vaux-de-Tallerende (Calvados) : deux Bocaux de Prussiate de fer, avec et sans alumine.

1368. M. *Gaillard de Saint-Germain*, à Becquey-Saint-Paul (Oise) : Sulfate de fer.

1369. M. *Berthe*, à Honfleur (Calvados) : Échantillon de Sulfate de fer.

1370. M. *Bérard*, à Montpellier (Hérault) : Barils d'Alun et de Sulfate de fer artificiels ; flacon d'Eau forte.

1371. *Manufacture de Chaillevet* (Aisne), M. *Blanlot* : Alun ; Sulfate de fer.

1372. M. *Dubuc* le jeune, à Rouen (Seine-Inférieure) :
Sulfate de fer.

1373. M. *Dupré* fils, à Forges près Rouen (Seine-Inférieure) : Sulfate de fer.

1374. *Plusieurs Fabricans de soude de Marseille* (Bouches-
du-Rhône) : divers échantillons de Soude.

1375. M. *Bérard (Barthélemy)*, de Marseille (Bouches-du-
Rhône) : Sous-carbonate de soude en poudre.

1376. M. *Quinon* et compagnie, de Marseille (Bouches-
du-Rhône : Sous-carbonate de soude en grains.

1377. M. *Couturier*, à Cherbourg (Manche) : Échantillons
de Soude brute et raffinée.

1378. M. *Chervau*, à Conternon (Côte-d'Or) : Bocaux de
Carbonate de soude cristallisée et desséchée ;
flacons d'Acides.

1379. M. *Seigneuret (Augustin)*, de Marseille (Bouches-
du-Rhône) : Colle-forte.

1380. M. *Pierre Clausel*, de Saint-Hippolyte (Gard) :
Échantillons de Colle-forte.

1381. MM. *Mignot* et *Piquefeu*, à Pont-Audemer (Eure) :
Colle-forte.

1382. M. *Bataille*, à Saint-Léger près Rouen (Seine-Inférieure) : Colle façon de Flandre.

1383. M. *Bertoux*, à Saint-Sens (Seine-Inférieure) :
Colle-forte.

1384. M. *Estivant de Brau*, à Givet (Ardennes) : Échantillons de Colle-forte.

1385. M. *Estivant*, à Givet (Ardennes) : Échantillons de
Colle-forte.

1386. M. *Livon* aîné, de Marseille (Bouches-du-Rhône) :
Crème de tartre.

1387. M. *Gautier* ( Michel ), de                    (Bouches-du-
Rhône ) : Acide muriatique.

1388. M. *Jacob*, de                    (Bouches-du-Rhône) :
Échantillon de Borax.

1389. M. *Porry ( François-Augustin )*, de Marseille (Bouches-du-Rhône ) : Produits chimiques en soufre,
alun, sulfate de fer et de cuivre, &c.

1390. MM. *Bougon* et *Piel-Desraisseaux*, à Sotteville-lès-
Rouen (Seine-Inférieure ) : Produits chimiques.

1391. M. *Gessart*, à Rouen (Seine-Inférieure) : Produits
chimiques.

1392. MM. *Chaptal* fils, *Darcet* et *Kolker*, à Paris : Produits chimiques.

1393. M. *Rey*, rue de l'Arbre-Sec, n.º 46 : un Bassin
construit en bitume; Tuyaux de fil, Cordes et
Rubans bitumés, Toiles imprimées à l'huile, Taf-
fetas à l'usage des peintres, Mosaïques en cailloux
avec mastic-bitume.

1394. M. *Malétra*, à Rouen (Seine-Inférieure) : Produits
chimiques.

1395. M. *Mollerat*, de Pouilly ( Côte-d'Or ) : Acide
pyroligneux et autres produits chimiques.

1396. M. *Desmoulins*, rue Saint-Martin, n.º 252 : Bocaux
de Vermillon.

1397. M. *Ferlier*, rue Notre-Dame-des-Victoires, n.º 38 :
Boules de couleurs, et cadres d'échantillons d'É-
toffes et de Papiers teints avec ces couleurs.

1398. M. *Didier*, rue Neuve-S.ᵗ-Médard, n.º 1 : Bocaux contenant des Terres broyées à l'eau et de l'Orpin broyé.

G

1399. M. *Gonin*, rue et île Saint-Louis, n.° 71 : un échantillon de Drap teint à la garance.

1400. M. *James Colcomb*, quai de l'École, n.° 18 : Bocaux de couleurs, et cadres d'échantillons de ces Couleurs.

1401. M. *Gohin*, rue Neuve-Saint-Jean, n.° 9 : Bocaux de Couleurs.

1402. M. *Drouet*, rue Saint-Denis, n.° 188 : Bocaux de Bleu de Prusse.

1403. M.<sup>me</sup> *Cosseron*, rue des Francs-Bourgeois Saint-Michel, n.° 8 : Couleurs dites *lucidoniques* appliquées à des carreaux, boiseries, statues, &c.

1404. M. *Delunel*, rue            à Paris : une Bouteille d'Encre indélébile de sa composition.

1405. M. *Bergeron*, rue Sainte-Croix de la Bretonnerie, n.° 21 : un cadre d'échantillons de Couleurs, et divers bocaux renfermant des Couleurs.

1406. M. *Géant*, rue de Poissy, n.° 3 : Échantillons de Laine teinte par la garance substituée à la cochenille.

1407. M. *Vielh de Varennes*, rue Culture Sainte-Catherine, n.° 18, et M. *Le Vasseur*, rue des Maçons-Sorbonne, n.° 11 : une Toile *ininflammable* sur châssis.

1408. M. *Singewalt*, à            ( Bas-Rhin ) : Indigo.

1409. M. *Roard*, de Clichy : deux Tableaux présentant le résultat des expériences faites sur la Céruse de Clichy.

1410. M. *Humblot-Conté*, place du Palais-Royal, n.° 223 : Crayons.

1411. M. *Dufresne*, rue de la Coutellerie, n.° 19 : Crayons.

1412. M. *Chaix*, à Briançon ( Hautes-Alpes ) : Crayons.

1413. MM. *Graffe* frères, rue Saint-Thomas du Louvre, n.° 40 : Cire à cacheter.

1414. M. *Thibault*, rue des Arcis, n.° 12 : Cire à cacheter.

1415. M. *Bobée*, à Choisy-le-Roi : divers Produits chimiques.

1416. M. *Julien*, rue Saint-Sauveur, n.° 18 : Poudre pour clarifier les vins, et divers Ustensiles et Instrumens relatifs au commerce des vins.

1417. MM. *Payen* et *Pluvinet* frères, rue des Jeûneurs, n.° 4 : Pains de Sel ammoniac.

1418. MM. veuve *Lenglet* et *Frémicourt*, de Valenciennes ( Nord ) : Bleu d'azur ou de toilette.

1419. M. *Milliau* fils, de Marseille ( Bouches-du-Rhône ) : Savons blancs faits avec la soude artificielle.

1420. M. *Antoine Roquefort*, de Marseille ( Bouches-du-Rhône ) : Savon blanc.

1421. M. *Payen* et compagnie, de Marseille ( Bouches-du-Rhône ) : Savons blancs faits avec de la soude naturelle.

1422. M. *Nègre* ( Joseph ), de Marseille ( Bouches-du-Rhône ) : Bougie et Cire en grains.

1423. M. *Livon* aîné, de Marseille ( Bouches-du-Rhône ) : Bougie et Cire.

1424. MM. *Hamelin* et *Letarouilly*, à Rennes ( Ille-et-Vilaine) : Bougie et Pain de cire.

1425. M. *Mollot*, à Chaumont ( Haute-Marne ) : Bougies.

1426. M. *Orry*, cirier au Mans ( Sarthe ) : une livre de Bougie.

1427. M. *Sainte*, à Gournay ( Seine-Inférieure ) : Chandelles.

1428. MM. *Delamart* frères, à Rouen ( Seine - Inférieure ) : Brai.

1429. M. *Pouget*, à Montpellier ( Hérault ) : Verdet cristallisé ; Sel de Saturne.

1430. M. *Imbault*, à Orléans ( Loiret ) : Noir animal.

1431. M. *Daujon*, à Caen ( Calvados ) : Échantillons d'Huile et de Grains.

1432. M. *Vocrin*, à Nanci ( Meurthe ) : Échantillon de Céruse.

1433. M. *Foblant*, à Dieuze ( Meurthe ) : Échantillons de différentes espèces de Sels.

1434. *Rouquès*, à Albi ( Tarn ) : Indigo pastel.

1435. M. *Gazeran*, à Lebreton ( Allier ) : Vases de verre contenant de la Potasse, du Salpêtre et de l'Eau-de-vie.

1436. M. *Milliet-Choquet*, à Moulins ( Allier ) : Barils contenant un Baume anti-épizootique, de la Poudre pour la conservation des draps, et des pierres pour maintenir la chaleur des liquides.

1437. M. *** (Seine-Inférieure) : Pain de Camphre raffiné.

1438. M. *Fournier*, pharmacien à Nîmes ( Gard ) : Huile de riccin ou palma-christi.

1439. M. *Peumartin-Boggio*, à Saint-Étienne ( Loire ) : Noir de fumée.

1440. M. *Dubuc* le jeune, de Rouen ( Seine-Inférieure ) : Sel d'étain.

1441. M. *Maze*, à Eauplet, près Rouen (Seine-Inférieure) : Produits chimiques.

1442. M. *Robert*, île des Cygnes, n.° 4 : Gélatine extraite des os, Colles à vin et à bouche, Colles fortes, Muriate de chaux, Huile de moelle de bœuf conservée, Sulfate d'ammoniaque, Charbon de corne pour le bleu de Prusse, et Charbon d'os pour le raffinage du sucre.

1443. M. *Decœur*, mécanicien, quai d'Orsay, n.° 3 : plusieurs Garderobes à fermetures hermétiques.

1444. M. *Négassek*, rue Aubry-le-Boucher, n.° 35 : Seringues et Canules.

1445. M. *Chemin*, rue de la Ferronnerie, n.° 4 : Seringues.

1446. M.^me *Ducommun*, rue Vantadour, n. 1.^er : plusieurs Vases et Fontaines à filtre de charbon.

1447. MM. *Donat* et compagnie ( M. *Cazeneuve*, inventeur ), rue des Fossés-du-Temple, n.° 77 : Modèle de Fosse mobile inodore.

1448. M. *Derosne*, rue des Batailles, n.° 7, à Chaillot : un Appareil distillatoire.

1449. M. *Harel*, rue de l'Arbre-sec, n.° 50 : Fourneaux et Ustensiles de cuisine en cuivre, tôle, &c.

1450. M. *Kiel*, rue Saint-Honoré, n.° 412 : Poêlerie.

1451. M. *Bigel*, rue des Fossés-Montmartre, n.° 13 : Cheminées en tôle et cuivre.

1452. M. *Bruine*, rue de Ménil-Montant, n.° 80 : une Cheminée de son invention en terre cuite stuquée.

1453. M. *Jacquinet*, rue Neuve-des-Petits-Champs, n.° 95 : deux Cheminées.

1454. M. *Hoefinger*, de Bordeaux ( Gironde ) : Modèle d'une Cheminée mécanique en tôle.

1455. M. *de la Fontaine*, à Douai ( Nord ) : Cheminée en tôle ornée de ciselures.

1456. M. *Gilbert*, rue du Croissant, n.° 9 : Poêles et Cheminées.

1457. M. *Hérisson*, à Rouen ( Seine-Inférieure ) : Modèle de Fourneau économique.

1458. M. *Anastasi*, rue de Charenton, n.° 38 : Appareils fumigatoires.

1459. MM. *Denières* et *Matelin*, fabricans de bronzes, rue Vivienne, n.° 15 : Lampes.

1460. M. *Caron*, rue Croix-des-Petits-Champs, n.° 13 : Lampes à niveaux constans.

1461. MM. *Vivien* père et fils, place du Louvre, n.° 12 : Réverbères et Lampes à coupoles.

1462. M. *Rouyer*, rue Feydeau, n.° 18 : Lampe à gaz hydrogène.

1463. M. *Bordier - Marcet*, rue du Fanal-Montmartre : Appareils d'éclairage.

1464. MM. *Gagneau* et *Brunet*, rue Saint-Denis, n.° 173 : Lampes de fer blanc moiré.

1465. M. *Gabry*, à Liancourt ( Oise ) : Lampes marquant l'heure par la combustion de l'huile.

1466. M. *Allard*, rue Saint-Lazare, n.° 11 : Lampes.

1467. M. le chevalier *Lorimier*, à Paris : un Chapiteau de lampe, fait pour être adapté exclusivement aux lampes de MM. *Carcel* et *Gagneau*.

1468. M. *Lombard*, membre de la société royale d'agriculture : une Ruche en paille.

1469. M. *Désormes*, rue du Roi-de-Sicile, n.° 17 : Ruche en paille.

1470. M. *Guillaume*, rue du Faubourg-Saint-Martin,

n.° 97 : un Moulin à farine ; plusieurs Charrues et autres Instrumens aratoires.

1471. M. *Molard*, sous-directeur du Conservatoire des arts et métiers : Charrues, Araire, Machine à couper par tranches les tubercules destinés à la nourriture des bestiaux.

1472. M. *Lespinasse*, à Lurey-Lévy (Allier) : Bêche à deux manches ou Bibêche.

1473. M. *Jean Moussé*, tonnelier à Chézy-l'Abbaye (Aisne) : une Machine à cribler, vanner et épurer le blé.

1474. M. *Mourgue*, à Bonneval (Somme) : Charrue-semoir.

1475. M. *Aphaud*, à Rochebrune (Hautes-Alpes) : Outil pour la taille des arbres et de la vigne.

1476. M. *Paul Hanin*, à Saint-Romain-de-Colboc (Seine-Inférieure) : une Charrue.

1477. MM. *Montagne* et compagnie, rue du Faubourg-Montmartre, n.° 6 : Mécanique à tiller le lin et le chanvre sans rouissage, de l'invention de M. *Tissot* jeune.

1478. M. *Clément*, rue du Faubourg-S.ᵗ-Martin, n.° 92 : Liqueurs et Esprits de fécule de pomme de terre.

1479. M. *Géenen*, rue de la Roquette, n.° 39 : une Boîte de café-chicorée.

1480. M. *Regnault de la Montoison*, rue Dauphine, n.° 26 : Cafés raffinés et épurés.

1481. M. *S. B. V.*, rue du Faubourg-S.ᵗ-Martin, n. 39 : Bocaux contenant des Graines céréales desséchées par un procédé particulier.

1482. M. *Chochina*, rue Notre-Dame-de-Nazareth, n.° 6 : Riz Chochina, Semoule, Salep, &c.

1483. M. *Millot*, rue de Valois, n.º 1 : Chocolats.

1484. M. *de Bauve*, rue des Saints-Pères, n.º 26 : Chocolats et Pastilles.

1485. M. *Regnier*, rue de la Harpe, vis-à-vis celle Serpente : Flacon d'Essence de café et Tablette de Lait.

1486. MM. *Liguière* et compagnie, à Toulouse (Haute-Garonne) : Farine de minot.

1487. M. *Mestrand*, à Bussière-Lagrue (Allier) : Echantillons de Fécule et de Farine de pomme de terre.

1488. MM. *Arnac* père et fils, à Montauban (Tarn-et-Garonne) : un baril et une caisse de Farine de minot.

1489. MM. *Arnal* frères, à Moissac (Tarn-et-Garonne) : Baril de Farine de minot.

1490. M. *Delbreil*, à Saint-Pierre (Tarn-et-Garonne) : un baril et une caisse de Farine de minot.

1491. M. *Dezaunay*, à Nantes (Loire-Inférieure) : Baril de Farine-fleur, étuvée.

1492. M. *Leneuf de Neuville*, à Caen (Calvados) : Farine de pomme de terre.

1493. M. *Bertier*, à Roville (Meurthe) : Fécule de pomme de terre.

1494. M. *Quinton*, à Bordeaux (Gironde) : Échantillons de Viandes conservées pour le service de la marine.

1495. M. *Dumarais*, à Neuilly (Calvados) : Fromage façon de Hollande.

1496. M. *Jules Desfrancs*, à Orléans (Loiret) : Sucre raffiné.

1497. M. *Crignon de Montigny*, à Orléans (Loiret) : Sucre en pain.

1498. M. *de la Nouvelle*, à Châteauneuf (Loiret) : Sucre de betterave, brut, terré et en pain.

1499. M. *Crespel de Lisse*, à Arras (Pas-de-Calais) : Cassonade, Sucre candi et Sucre de betterave.

1500. M. *Grenet-Pelé*, à Tourny ( Eure-et-Loir ) : Sucre de betterave.

1501. M. *André*, à Pont-à-Mousson (Meurthe) : Sucre de betterave.

1502. M. *Maguin*, à Pont-à-Mousson ( Meurthe ) : Sucre de betterave.

1503. M. *Masson (André)*, à Pont-à-Mousson (Meurthe) : Sucre de betterave.

1504. M. *Badin-Bourdon*, à Orléans (Loiret) : Vermicelle, Macaroni et Semoule.

1505. M. *Degouvenain*, à Dijon (Côte-d'Or) : Vinaigres.

1506. M. *Privat* aîné, à Metz (Hérault) : Flacons d'Eau-de-vie et d'Esprit-de-vin.

1507. M. *Legrand*, à Saint-Omer (Pas-de-Calais) : Baril de Genièvre.

1508. M. *Fasquel*, à Saint-Omer ( Pas-de-Calais ) : Baril de Genièvre.

1509. M. *Fargeon*, à Grasse (Var) : Liqueurs.

1510. M. *Matthieu*, à Nancy (Meurthe) : Flacons de Liqueurs de table.

1511. MM. *André* et *Marmod*, à Pont-à-Mousson (Meurthe) : Sucre de betterave.

1511. M. *Robert*, île des Cygnes, n.° 4 : Bocaux contenant différentes sortes de Gélatines ; Os convertis en gélatine et conservés ; Têtes de bœuf entières ; Gélatine aromatisée avec de la viande, des fruits et des essences.

1513. M. *Auger*, fabricant de chocolat, rue Neuve-des-Petits-Champs, près le marché Saint-Honoré : Diverses espèces de Chocolat.

1514. M. *Riban*, à Montpellier (Hérault) : Crême de rose, de moka ; Eau de lavande, Eau de Portugal, Essence de savon, Pommade, Sachet à odeur, Brique de savon.

1515. M. *Fargeon*, à Grasse (Var) : Parfumeries.

1516. M.^elle *Chaumeton*, rue de la Michodière, n.° 13 : Pots de Rouge serkil, pot de Crème dite *de beauté*.

1517. M. *Roëlant*, rue Culture-Sainte-Catherine, n.° 21 : Savons de toilette.

1518. M. *Liautaud*, rue Saint-Honoré, n.° 141 : Flacons d'Eau des Alpes.

1519. M. *Lepage*, rue Feydeau, n.° 26 : Eau des Templiers ou de Cologne balsamique ; Incarnat végétal.

1520. M. *Crozet*, rue Saint-Marc, n.° 15 : Eau de Cologne.

1521. M. *Gozzoli*, rue Jean-Jacques-Rousseau, n.° 20 : Vases, Groupes et Statues d'albâtre.

1522. M. *Prost*, à Lyon (Rhône) : Echantillon de Marbre blanc.

1523. MM. *Valin* père et fils, rue Moreau, n.° 3 : Tables de marbre ; Coupes d'albâtre oriental.

1524. M. *David*, lapidaire, rue Saint-Martin, n.° 176 : une Collection de Pierres dures.

1525. *Marbrerie de Saint-Amour* (Jura) : Tables rondes de marbre, et Pierres lithographiques.

1,526. M. *Serres*, à Embrun (Hautes-Alpes) : Pierre de la carrière de la Roche.

1527. *Carrières de l'arrondissement de Boulogne* (Pas-de-Calais) : Échantillons de Marbre.

1528. M. *Layerle-Capel*, à Toulouse (Haute-Garonne) : Échantillons de Marbres du pays.

1529. *Échantillons de Marbres* des Hautes-Pyrénées, de l'Aude, de l'Ariége, du Lot et du Rhône.

1530. M. *Lefroy*, ingénieur en chef des mines à l'École royale des Mines : Échantillons de Minérais d'étain de France, et de divers Produits fabriqués avec ces minérais.

1531. M. *Douault-Wieland*, rue Sainte-Avoye, n.° 19 : une petite Pièce de canon en ivoire ; échantillons de *Masses* imitant les pierres précieuses.

1532. M. *Boucher*, rue de la Vrillière, n.° 2 : Chaussures dites *Corioclaves*.

1533. M. *Dufort*, rue J. J. Rousseau, n.° 18 : Formes et Embouchoirs peints et vernis, en cuir ou en bois, avec vis de pression.

1534. M. *Grimoult*, place des Victoires, n.° 2 : une Bride dite *de sûreté*, pour boucher les yeux des chevaux qui s'emportent.

1535. M.me *Berger*, rue de Castiglione, n.° 4 : Corsets à ventouse.

1536. M. *Tellier*, coiffeur, rue Sainte-Anne, n.° 42 : trois Cadres contenant divers objets relatifs à sa profession, et une imitation de Pelleterie en poil de chèvre.

1537. M. *Allix*, rue du Roule, n.° 5 : Modèle de Perruques inaltérables par la transpiration.

1538. M. *Charrier*, rue Saint-Martin, n.° 49 : un Buste en cire à faux toupet ; un Cercle en acier ; une Perruque et Touffes.

1539. M. *Delande*, rue du faubourg Poissonnière, n.° 43 : Perruque et Touffes mécaniques.

1540. M. *Champion*, rue du Coq-Saint-Jean, n.° 3 : Mesures linéaires sur rubans.

1541. M. *Gateaux*, rue de Bourbon, n.° 35 : Sculptures mises aux points par un procédé mécanique de son invention.

1542. M. *Guillemin*, quai des Orfévres, n.° 4 : Parapluies.

1543. M.<sup>lle</sup> *Thibierge*, rue Chanoinesse, n.° 9 : Cadres de Fleurs artificielles.

1544. M. *Dejernon*, rue Saint-André-des-Arcs, n.° 68 : divers Instrumens ou Planches pour apprendre à écrire ; Modèles d'écriture, Plumes, Encre, &c.

1545. M. *Chabannes*, Grande rue de Passy, n.° 64 : Colonnes portatives et Vases.

1546. M. *Lez*, rue Sainte-Avoye, n.° 71 : Cartonnages.

1547. M. *Maheut-Romain*, à Saint-Silvain (Calvados) : Caparaçons de fil et soie ; Carnassière de fil vert.

1548. M. *Kresz*, rue Greneta, n.° 36 : Ustensiles de pêche et de chasse.

1549. M. *Colombat*, rue du Temple, n.° 7 : Tableau en cheveux.

1550. M. *Chatelain* et compagnie, rue du faubourg du Temple, n.° 91 : Casque, Cuirasses ; Ustensiles de table &c., en plaqué, or et argent.

1551. M. *Lebel*, rue du Colombier, faubourg Saint-Germain, n.° 16 : Squelettes en cuivre, à l'usage des peintres, statuaires et sculpteurs.

1552. M. *Verzy*, aux Thermes, n.° 48 : Plan de Paris
et de ses environs, en relief.

1553. M. *Dupeyré*, à Bordeaux (Gironde) : un Corset
de femme.

1554. M.                              à Ban-de-la-Roche
(Vosges) : Echantillons d'ouvrages en Paille.

1555. M. *Verdavenne*, à Valenciennes ( Nord ) : Jouets
d'enfants.

1556. M. *Givaudan*, à Saint-Omer (Pas-de-Calais) :
Calèche en osier.

1557. M. *Jacques Brunel*, à Mende (Lozère) : Sabots.

1558. M. *Leroy*, rue Maurepas, n.° 4, à Versailles : Habit
d'une nouvelle coupe.

1559. M. *Maupassant de Rancy*, rue Saint-Jacques,
n.° 241 : Bouchons.

1560. Tissus fabriqués par les naturels de Madagascar,
avec les fibres d'une plante ligneuse nommée
*Raffia*.

1561. M. *Bouvier*, rue d'Argenteuil, n.° 33 : Tampons ou
Balles de bureau.

1762. M. *Delatouche*, rue du Coq Saint-Honoré, n.° 6 :
Collier de chien à double fermeture.

1563. M. *Valleaus*, rue Saint-Étienne des Grés, n.° 9 :
une Botte.

1564. M. *Sanzay*, rue du Cherche-Midi, n.° 24 : Garniture de robe en plumes des Indes.

1565. M. *Dacheux*, rue du Doyenné, n.° 3 : Modèles de
Vaisseaux.

1566. M. *Burette*, rue des Marais, n.º 47 : Semelles imperméables.

1567. *La Manufacture royale de Sèvres* ( Seine-et-Oise ) : trois grands Vases ; deux Vases moyens, une Table d'un mètre de diamètre.

1568. *La Manufacture royale des Gobelins* : Tapisseries. Les cadres sont faits en bois de la forêt de Vincennes, par M. *Papst*, rue Saint-Sébastien, n.º 1.

1569. *La Manufacture royale de Beauvais* ( Oise ) : Tapisseries.

1570. *L'École royale d'arts et métiers d'Angers* ( Maine-et-Loire) : une Peloteuse à engrenage, une Presse à timbre sec, une petite Presse de notaire, cinq Étaux, deux Tenailles à chanfrein, une Filière double à coussinets, deux Clefs universelles, deux Marteaux de vitrier.

1571. *École royale d'arts et métiers de Châlons-sur-Marne :* un Jeu de flûte ; une Horloge de clocher ; une Machine pneumatique ; une Pompe à feu, une *idem* à incendie; un Secrétaire ; une Psyché ; une Jardinière ; un Lit à flasques ; une Commode ; douze Mouvemens de montre ; un Théodolite ; un Rouet ; Limes ; Étaux ; Cymbales.

1572. *Ateliers des prisons du département de la Seine :* Tissus et Bonneteries.

1573. *Dépôt de mendicité de Poitiers* ( Vienne ) : Tricot croisé en laine ; Serge apprêtée en petit drap et en molleton.

1574. *Maison centrale, à Melun* ( Seine-et-Marne ) : Flanelle, Siamoise, Droguet, Serge et Cachemire ; Calicot ; Modéle de lit des détenus, fabriqué par eux mêmes.

1575. M. *Ruel*, entrepreneur de la Maison centrale, à Rennes (Ille-et-Vilaine) : Toile écrue et Siamoise.

1576. *Maison de détention, à Gaillon* (Eure) : petite Dentelle ; Navettes ; Dessus de carnassières en corde ; échantillons d'Etoffes, &c.

1577. *Maison centrale de détention, à Clairvaux* (Aube) : Couvertures de coton et de laine ; Draps ; Tissu Mérinos ; Calicot ; un Damier en paille ; Tissu en soie et paille.

1578. *Maison de détention, à Rouen* (Seine-Inférieure) : Dentelles ; Toile de coton et Toile de lin.

1579. *Maison de détention de Montpellier* (Hérault) : Un Chapeau ; Bonneterie et Étoffes de coton ; toile ; Draps et Couvertures en laine et coton.

1580. *Maison centrale de détention de Fontevrault* (Maine-et-Loire) : Éhantillons de diverses espèces de toiles.

1581. *La Maison de correction, à Dourdan* (Seine-et-Oise) : Nécessaires en nacre, et divers Articles à l'usage des dames.

1582. *Le Dépôt de mendicité, à Saint-Lizier* (Ariége) : Tissus en laine.

1583. *La Maison de refuge, à Bourges* (Cher) : Draps.

1584. *La Fabrique de charité, à Vannes* (Morbihan) : Échantillons de Dentelles.

1585. *Association de charité, à Cherbourg* (Manche) : Voiles et Échantillons de Dentelles.

1586. M. *Guillé*, directeur de l'institution royale des jeunes aveugles : Tixeranderie, Corderie, Cartonnage, Passementerie, Bourses au métier, Tricots, Ou-

vrages au boisseau, Sparterie, Vannerie et Imprimerie; ouvrages des jeunes aveugles.

1587. *Hospice de Chérbourg* ( Manche ) : Échantillons
d'étoffes diverses.

1588. *L'hospice de Montebourg* ( Manche ) : Etoffes gros-
sières; échantillons de Dentelles.

1589. *Hospice de Pontorson* ( Manche ) : Échantillons de
Dentelles.

1590. *Hospice d'Arras* ( Pas-de Calais ) : Dentelle.

1591. *Hospice des pauvres, de Beauvais* ( Oise ) : Étoffes de
laine.

1592. *Hospice d'Avranches* ( Manche) : Dentelles.

1593. *Fabrique de Vire* (Calvados): Couvertures communes;
grosses Dentelles.

1594. Carrières de l'arrondissement de Boulogne : Echantillons de Calcaires polis et bruts.

1595. Carrières des Pyrénées : Échantillons de Marbres.

1596. MM. *Ozil*, inventeur, et *Mistral*, conducteur, rue
de Longchamps, n.° 2 : Appareil pour distiller
au bain-marie et à la vapeur les liquides et les
substances contenant de l'alchool.

1597. M. *Guicheny*, rue Popincourt, n.° 78 : Portraits du
Roi imprimés sur toile et sur papier par un procédé
mécanique.

1598. M. *Fratin*, de Metz ( Moselle ) : Modèles d'animaux
quadrupèdes revêtus de leur peau naturelle.

1599. M.^me *Bazire*, Grande rue Verte, n.° 30, à Paris :
Vases de porcelaine, un Lustre, une Pendule,
une Épée en acier et or incrusté, et une Cheminée
en marbre.

1600. M. *Geslin*, rue Saint-Honoré, n.° 296 : Eau de Cologne.

1601. M. *Touze* fils, à Essone (Seine-et-Oise) : Tuyau sans couture à incendie, tissu en fil.

1602. M. *Monfrère*, rue                    à Paris : Orfévrerie.

1603. M. *Ray*, rue Saint-Denis, n.° 276, à Paris : Manchon en plume.

1604. M. *Lecomte*, rue Saint-Lazare : Gravure lithographique représentant une école d'enseignement mutuel.

1605. M. *Garnier*, lampiste, rue des Fossés-Saint-Germain-l'Auxerrois, n.° 43 : Lampes perfectionnées.

1606. M. *Gailard*, rue                    : une Pompe à incendie.

1607. M. *Burette*, rue des Marais-Saint-Martin, n.° 47 : une Presse à cylindre, Hache-légumes, Râpe à pommes de terre, un Stadomètre.

1608. M. *Pradier* oncle, à Versailles ( Seine-et-Oise ) : Coutellerie.

1609. M. *Burette*, rue des Marais-Saint-Martin, n.° 47 : un Secrétaire, une Pendule, une Caisse de Vases à fleurs en bois d'orme.

1610. M.^me veuve *Coulon de Thévenot*, rue de la Harpe, n.° 78 : Album, Plume dite *Tilsit*, Plumes tachygraphiques.

1611. MM. *Gombert* aîné et *Michelez*, rue et barrière de Sèvres, n.° 13 : Toile de coton blanchie.

1612. M. *Caron-Langlois*, blanchisseur à Beauvais ( Oise ) : Toiles demi-Hollande.

1613. M. *Chenu*, à                    ( Manche ) : Dentelles.

H

1614. M. *Vandessel*, à Chantilly ( Oise ) : Elondes.

1615. MM. *Viollet* et compagnie, à Tours ( Indre-et-Loire ) : Étoffes de soie en lampas et damas.

1616. M. *John Walker*, rue de Richelieu, n.° 90 : un cadre renfermant des Bretelles, Cols, Gants et autres objets élastiques.

1617. M. *Guérin*, rue Saint-Denis, n.° 374 : Trophée à la gloire de Henri le Grand.

1618. M. *Beretta*, quai de l'Hôpital, n.° 33 : une main de Papier fait avec le résidu de la pomme de terre.

1619. M. *Berte*, rue Richer, n.° 2 : une Feuille de Papier de six cents pieds de long, collée en pâte, et plusieurs Rames de différens Papiers.

1620. M. *Bony*, Lyon ( Rhône ) : un Panneau de meuble brodé sur satin blanc, appartenant au mobilier de la Couronne.

1621. M. *Haring*, opticien, Palais-Royal, n.° 63 : Lunettes, Baromètres et Thermomètres.

1622. M. *Davenne*, rue            : Limes en fonte de fer.

1623. M. *Olive*, serrurier-mécanicien, rue de la Tixerandrie, n.° 15 : Serrurerie.

1624. M. *Mercier*, d'Alençon ( Orne ) : un Voile en point d'Alençon.

1625. M. *Caillon*, rue de Vaugirard, n.° 36 : une Machine à dresser le fer et faire des moulures et rainures.

1626. *Leray de Chaumont*, à Chaumont-sur-Loire ( Loir-et-Cher ) : deux pains de Sucre de Betterave.

1627. *Jelot*, boulevart des Italiens, n.° 11 ( Seine ) : Souliers de femmes.

1628. *Pavie*, à Rouen ( Seine - Inférieure ) : Rubans de laine teints.

1629. MM. *Bennetot* frères, à Rouen ( Seine-Inférieure ) : Échantillons de coton chiné.

1630. M. *Lefort*, à la Boissière ( Oise ) : six Cornes à lanternes.

1631. M. *Odobel*, rue de Chaillot, n.° 60 ( Seine ) : une Râpe à betteraves.

1632. M. *Talon*, rue Beaubourg, n.° 26 ( Seine ) : trois Temples en ivoire faits au tour.

1633. M.^me veuve *Schey*, rue des Petites-Écuries, faubourg Saint-Denis, n.° 5 ( Seine ) : Parures de dames, Garniture d'épée, Mouchettes, Boucles et autres menus objets en acier poli.

1634. M. *Motte*, rue des Marais, n.° 13 ( Seine ) : un grand Cadre de gravures lithographiées.

1635. M. *Bardel* fils, rue du Faubourg-Montmartre, n.° 17 ( Seine ) : Étoffes de crin pour meubles.

1636. M. *Guidon*, à Périgueux ( Dordogne ) : Échantillons de Draps ordinaires.

1637. M. *Guidon*, à Périgueux ( Dordogne ) : Bonneterie de laine.

1638. M. *Bodineau*, à                    ( Loire-Inférieure ) : Échantillon de Coton filé.

1639. M. *Scelle ( Joseph )*, à la Salle ( Hautes - Alpes ) : Bonnets de laine.

1640. M. *Carré*, à                    ( Yonne ) : Échantillon de Drap dit *Poulangy* bleusé.

1641. M. *Caillée-Blaire*, à Beaulieu ( Indre-et-Loire ) : Échantillons de grosse draperie.

1642. M. *Caillée (Renard)*, à Beaulieu ( Indre-et-Loire ) :
Échantillons de grosse Draperie.

1643. M. *Maugis-Gillée*, à Beaulieu ( Indre-et-Loire ) :
Échantillons de grosse Draperie.

1644. M. *Leblanc Daugée*, à Beaulieu ( Indre-et-Loire ) :
Échantillons de grosse Draperie.

1645. M. *Cigogne-Caillée*, à Beaulieu (Indre-et-Loire) :
Échantillons de grosse Draperie.

1646. M. le Comte *de Lasteyrie*, rue
(Seine) : douze Cadres de lithographie.

1647. M. *Beunat*, à Sarrebourg ( Meurthe ) : Ornemens
d'architecture.

FIN.

# TABLE

## PAR ORDRE DE MATIÈRES.

| NOMS DES FABRICANS. | RÉSIDENCES. | DÉPARTEMENS. | N.os du catalog. |
|---|---|---|---|
| *LAINES.* | | | |
| MM. | | | |
| *Maffrand* | Le Dorat | Haute-Vienne | 1. |
| *Mathieu Romanet* et *Alafort* | Limoges | *Idem* | 2. |
| *Souverbie* | Leognan | Gironde | 3. |
| *Destombes-Roussel* | Turcoing | Nord | 4. |
| *Louyrette* | Montz | Indre-et-Loire | 5. |
| *D'Autremont* | Villepreux | Seine-et-Oise | 6. |
| *Godard* | Amiens | Somme | 7. |
| *Tirel* | Blou | Calvados | 8. |
| *De la Fresnaye* | Falaise | *Idem* | 9. |
| *Guel* | Lisieux | *Idem* | 10. |
| *Le comte de Polignac* | Caen et Falaise | *Idem* | 11. |
| *De Morand* | Cabours, | *Idem* | 12. |
| *Louis Jeuffrain* | Tours | Indre-et-Loire | 13. |
| *Leguay* | *Idem* | *Idem* | 14. |
| *Chardron* | Autrecourt | Ardennes | 15. |
| *Regnard de Ligny* | Reims | Marne | 16. |
| *Busson* | " | Cher | 17. |
| *Morin* | " | *Idem* | 18. |
| *De la Merville* | " | *Idem* | 19. |
| *Silvestre* | Auzoucr-la-Ferrière | Seine-et-Marne | 20. |
| *Chauvelot* | Dijon | Côte-d'Or | 21. |
| *Mazuret de Surmont* | Turcoing | Nord | 22. |
| *Maurel* | Limbrassac | Ariége | 23. |
| *Flaudry* | Pamiers | *Idem* | 24. |
| *Guérineaud* | Poitiers | Vienne | 25. |
| *Huzard* | Alfort | " | 26. |
| *Lhomme* | Paris | Seine | 27. |
| *Richard* et *Dobo* | *Idem* | *Idem* | 28. |
| *Guidou* | Périgueux | Dordogne | 1637. |
| *Scelle (Joseph)* | Lasalle | Hautes-Alpes | 1639. |
| *DRAPERIES.* | | | |
| *Ternaux* | Paris | Seine | 29. |
| *Gatine* | *Idem* | *Idem* | 30. |

| NOMS DES FABRICANS. | RÉSIDENCES. | DÉPARTEMENS. | N.os du catalog. |
|---|---|---|---|
| **MM.** | | | |
| Machault. . . . . . . . . . . . . | Paris . . . . . . . . . . | Seine. . . . . . . . . | 31. |
| Mathieu Romanet et Alafort . . . | Limoges . . . . . . . | Haute-Vienne . . . | 32. |
| Creissels et Cot. . . . . . . . . . . | Camarès . . . . . . . . | Aveyron . . . . . . . | 33. |
| Merle, Pascal fils et Pascal . . . | Vienne . . . . . . . . | Isère . . . . . . . . . . | 34. |
| Badin frères et Lambert . . . . . . | Idem . . . . . . . . . | Idem. . . . . . . . . | 35. |
| Dupré . . . . . . . . . . . . . . . . . | Saint-Geniez . . . . | Aveyron . . . . . . . | 36. |
| Antoine Bastide. . . . . . . . . . . . | Idem . . . . . . . . . . | Idem . . . . . . . . . | 37. |
| Maurice Loignon. . . . . . . . . . . | Beauvais . . . . . . . | Oise. . . . . . . . . . | 38. |
| Rogues et Roger. . . . . . . . . . . | Amphernet. . . . . | Calvados . . . . . . . | 39. |
| Tirel fils. . . . . . . . . . . . . . . . | Blou . . . . . . . . . | Idem . . . . . . . . | 40. |
| Rivet. . . . . . . . . . . . . . . . . . . | Sedan . . . . . . . . . | Ardennes . . . . . . . | 41. |
| Meurville père et fils . . . . . . | Troyes . . . . . . . . | Idem . . . . . . . . | 42. |
| Rose Abraham. . . . . . . . . . | Tours . . . . . . . . . | Indre-et-Loire . . . | 43. |
| Salvi, Saysset et Guiraud . . . | Saint-Pons. . . . . | Hérault. . . . . . . | 44. |
| Aynard et fils . . . . . . . . . . . | Montluel. . . . . . . | Ain. . . . . . . . . . | 45. |
| Violle et Antoine Benoist. . . . . | Dijon. . . . . . . . . . | Côte-d'O. . . . . . . | 46. |
| Cousseau . . . . . . . . . . . . . . | Cugand. . . . . . . . | Vendée. . . . . . . . | 47. |
| Louis Pompidor. . . . . . . . . . . | Prats-de-Mollo. . . | Pyrénées-Orient. | 48. |
| Boixo, Palol et compagnie. . . . | Prades. . . . . . . . | Idem . . . . . . . . . | 49. |
| Bernard Matillot. . . . . . . . . . | Prats-de-Mollo. . . | Idem . . . . . . . . . | 50. |
| Dessonne . . . . . . . . . . . . . . . | Louviers et Gravigny. | Eure . . . . . . . . . . | 51. |
| Dannet. . . . . . . . . . . . . . . . . | Beaumont-le-Roger. . . | Idem . . . . . . . . . | 52. |
| Ribouleau et Jourdain . . . . . . . | Louviers . . . . . . . | Idem . . . . . . . . . | 53. |
| Tremeau et compagnie. . . . . | Idem . . . . . . . . . | Idem . . . . . . . . . | 54. |
| Decretot . . . . . . . . . . . . . . | Idem . . . . . . . . . | Idem . . . . . . . . . | 55. |
| Jean-Baptiste Petou. . . . . . . . | Idem . . . . . . . . | Idem . . . . . . . . . | 56. |
| Marie-Frigard. . . . . . . . . . . | Idem. . . . . . . . . | Idem. . . . . . . . . | 57. |
| Gerdré aîné. . . . . . . . . . . . . | Idem. . . . . . . . . | Idem. . . . . . . . . | 58. |
| Sevaistre et compagnie. . . . . . | Bernay. . . . . . . . | Idem. . . . . . . . . | 59. |
| Madame veuve Lemaître. . . . . . | Louviers. . . . . . . | Idem. . . . . . . . . | 60. |
| Moireau et Hache . . . . . . . . . | Idem. . . . . . . . . | Idem. . . . . . . . . | 61. |
| Clerc neveu. . . . . . . . . . . . . | Idem. . . . . . . . . | Idem. . . . . . . . . | 62. |
| Hospice de la Miséricorde. . . . | Perpignan. . . . . . | Pyrénées-Orient. | 63. |
| Joseph Durand-Damich. . . . . . | Prats-de-Mollo . . | Idem. . . . . . . . . | 64. |
| Courbet-Poullard . . . . . . . . . . | Abbeville . . . . . . | Somme. . . . . . . . | 65. |
| Madame veuve Rose Xatard. . . | Prats-de-Mollo. . . | Pyrénées-Orient. | 66. |
| Ricquier. . . . . . . . . . . . . . . | Lisieux . . . . . . . | Calvados . . . . . . . | 67. |
| Chaussette et Daverton . . . . . | Abbeville. . . . . . . | Somme. . . . . . . . | 68. |
| Gaboriau . . . . . . . . . . . . . . . | Cugand. . . . . . . . | Vendée. . . . . . . . | 69. |
| Puel. . . . . . . . . . . . . . . . . . | Lisieux . . . . . . . | Calvados . . . . . . . | 70. |
| Condrin. . . . . . . . . . . . . . . | Cugand. . . . . . . . | Vendée. . . . . . . . | 71. |
| Captier. . . . . . . . . . . . . . . . | Lodève . . . . . . . | Hérault . . . . . . . | 72. |
| Roqueplane père et fils et comp. | Clermont . . . . . . . | Hérault . . . . . . . | 73. |

| NOMS DES FABRICANS. | RÉSIDENCES. | DÉPARTEMENS. | N.ᵒˢ du catalog. |
|---|---|---|---|
| MM. | | | |
| Jean Martin fils | Idem | Idem | 74. |
| Ravay | Vire | Calvados | 75. |
| Graud frères | Bédarieux | Hérault | 76. |
| Foulquier | Lodève | Idem | 77. |
| Flotte frères | Saint-Chinian | Idem | 78. |
| Anne Veaute et fils | Castres | Tarn | 79. |
| Olombel père et fils | Mazamet | Idem | 80. |
| Guibal jeune | Castres | Idem | 81. |
| Dumas ( Étienne ) | Lavelanet | Ariége | 82. |
| Dastis | Idem | Idem | 83. |
| Sage jeune | Larroque | Idem | 84. |
| Martin Thys et compagnie | Buhl | Haut-Rhin | 85. |
| Collin frères | Tours | Indre-et-Loire | 86. |
| Bournier frères | Idem | Idem | 87. |
| Fages | Carcassonne | Aude | 88. |
| Chauvet et fils | Idem | Idem | 89. |
| Vivier | Idem | Idem | 90. |
| Anduze | Limoux | Idem | 91. |
| Jean Clerc | Chalabre | Idem | 92. |
| Patto | Idem | Idem | 93. |
| Godard père et fils | Châteauroux | Indre | 94. |
| Muret | Idem | Idem | 95. |
| Bridier frères | Sedan | Ardennes | 96. |
| Bacot père et fils | Idem | Idem | 97. |
| Lemoine-Desmares | Idem | Idem | 98. |
| Ternaux et fils | Idem | Idem | 99. |
| Chayaux | Idem | Idem | 100. |
| Alexandre Ivart | Aumale | Seine-Inférieure | 101. |
| Philippe Bert | Givet | Ardennes | 102. |
| Mathieu Quesné et fils | Elbeuf | Seine-Inférieure | 103. |
| Devitry le jeune | Idem | Idem | 104. |
| Nicolas Bourdon et Petou | Idem | Idem | 105. |
| Félix Tourengin | Bourges | Cher | 106. |
| Mathieu Leroy et compagnie | Elbeuf | Seine-Inférieure | 107. |
| Parfait Maille-Grandin | Idem | Idem | 108. |
| Louis-Jacques Grandin | Idem | Idem | 109. |
| Louis-Robert Flavigny | Idem | Idem | 110. |
| Pierre Turgis | Idem | Idem | 111. |
| Rivier et Maurel | Embrun | Hautes-Alpes | 112. |
| Doré | Dijon | Côte-d'Or | 113. |
| Ansault, Chauvat et compagnie | Toucy | Yonne | 114. |
| Hervey | Brunon | Idem | 115. |
| | | | 116. |

| NOMS DES FABRICANS. | RÉSIDENCES. | DÉPARTEMENS. | N.ᵒˢ du cataleg. |
|---|---|---|---|
| **MM.** | | | |
| Lenoir | Seignelay | Yonne | 117. |
| Garrisson | Montauban | Tarn-et-Garonne. | 118. |
| Rachou et compagnie | Idem | Idem | 119. |
| Denielle | Saint-Omer | Pas-de-Calais | 120. |
| Tartas-Boyaval | Idem | Idem | 121. |
| Lefebvre | Idem | Idem | 122. |
| Bagarris | Bras | Var | 123. |
| Pley | Saint-Omer | Pas-de-Calais | 124. |
| Vernus | Pamiers | Ariége | 125. |
| Verny frères | Aubenas | Ardèche | 126. |
| Maubon-Rupied | Nancy | Meurthe | 127. |
| Seillière | Idem | Idem | 128. |
| Klin | Idem | Idem | 129. |
| Demenou et Delambert | | | 130. |
| Brulley | Paris | Seine | 131. |
| Guidon | Périgueux | Dordogne | 1636. |
| Carré | | Yonne | 1640. |
| Caillée-Blrire | Beaulieu | Indre-et-Loire | 1641. |
| Caillée et Bernard | Idem | Idem | 1642. |
| Mangis-Gillée | Idem | Iaem | 1643. |
| Leblanc-Daugée | Idem | Idem | 1644. |
| Cicogne-Caillée | Idem | Idem | 1645. |

## CASIMIRS.

| NOMS DES FABRICANS. | RÉSIDENCES. | DÉPARTEMENS. | N.ᵒˢ du cataleg. |
|---|---|---|---|
| Tachard Rey | Montauban | Tarn-et-Garonne. | 132. |
| Jean-Baptiste Pétou | Louviers | Eure | 133. |
| Clerc neveu | Idem | Idem | 134. |
| Gensse-Duminy | Amiens | Somme | 135. |
| Anne Veaute et fils | Castres | Tarn | 136. |
| Guibal jeune | Idem | Idem | 137. |
| Martin Thys | Ruhl | Haut-Rhin | 138. |
| Jobert-Lucas | Reims | Marne | 139. |
| Bridier frères | Sédan | Ardennes | 140. |
| Lemoine Desmares | Idem | Idem | 141. |
| Bacot père et fils | Idem | Idem | 142. |
| Derodé-Geruset | Reims | Marne | 143. |
| Baligot père et fils | Idem | Idem | 144. |
| Sirac et compagnie | Montauban | Tarn-et-Garonne. | 145. |
| Olombel père et fils | Mazamet | Tarn | 146. |
| Senemand | Limoges | Haute-Vienne | 147. |
| Palangié et Glandy | Saint-Geniez | Aveyron | 148. |
| Recoules | Rodez | Idem | 149. |

| NOMS DES FABRICANS. | RÉSIDENCES. | DÉPARTEMENS. | N.os du catalog. |
|---|---|---|---|
| **MM.** | | | |
| Salès cadet.............. | Rodez.......... | Aveyron........ | 150. |
| Giraud................. | Saint-Geniez.... | Idem........... | 151. |
| Couret fils.............. | Idem........... | Idem........... | 152. |
| Thédenat et Muret...... | Saint-Geniez.... | Idem........... | 153. |
| Solanet................ | Idem........... | Idem........... | 154. |
| Couret fils............. | Idem........... | Idem........... | 155. |
| Talon fils.............. | Idem........... | Idem........... | 156. |
| Dupré aîné............. | Idem........... | Idem........... | 157. |
| Turq (Dominique)...... | Rodez.......... | Idem........... | 158. |
| Dardié................ | Saint-Affrique... | Idem........... | 159. |
| Flaudry............... | Pamiers........ | Ariége......... | 160. |
| Maury jeunes.......... | Sainte-Croix.... | Idem........... | 161. |
| Victor Charpentier...... | Saint-Aubin..... | Eure........... | 162. |
| Mad. veuve Cally-Grandvallée.. | Lisieux........ | Calvados....... | 163. |
| Boursin............... | Idem........... | Idem........... | 164. |
| Nasse-Dubois.......... | Idem........... | Idem........... | 165. |
| Tirel.................. | Blou........... | Idem........... | 166. |
| Godefroy.............. | Caen........... | Idem........... | 167. |
| Seivin................ | Lusignan....... | Vienne......... | 168. |
| Assy-Guerin fils et Givelot.... | Reims.......... | Marne.......... | 169. |
| Baligot père et fils...... | Idem........... | Idem........... | 170. |
| Baligot (Remi)......... | Idem........... | Idem........... | 171. |
| Lemaître.............. | Le Mans........ | Sarthe......... | 172. |
| Madame veuve Couderc...... | Villefort........ | Lozère......... | 173. |
| " | " | Mayenne........ | 174. |
| Charnier.............. | Gap........... | Hautes-Alpes.... | 175. |
| Philippe Francois....... | Idem........... | Idem........... | 176. |
| Pierre Mély........... | Mende......... | Lozère......... | 177. |
| Lacaze et Brau........ | Ansisheim...... | Hautes-Pyrénées. | 178. |
| Dolley............... | Saint-Lô....... | Manche........ | 179. |
| Lagravère et compagnie...... | Montauban..... | Tarn-et-Garonne. | 180. |
| Guillemet............. | Nantes......... | Loire-Inférieure.. | 181. |
| Magallon............. | Gap........... | Hautes-Alpes.... | 182. |
| Philippe (Jean-Jacques)...... | Idem........... | Idem........... | 183. |
| Rivier et Morel........ | Embrun........ | Idem........... | 184. |
| Jaussaud............. | Gap........... | Idem........... | 185. |
| Roubaud.............. | La Roque-Bruss.c | Var........... | 186. |
| Favreau.............. | Paris.......... | Seine.......... | 187. |
| Petitjean et compagnie...... | Montataire...... | Oise.......... | 188. |
| Didelot-Perrin et Didelot-Regnoux | Vassy......... | Haute-Marne.... | 189. |
| Simon Lachaume........ | Saint-Mexant.... | Deux-Sèvres.... | 190. |
| Carucé frères.......... | Alby.......... | Tarn.......... | 191. |
| Houdouard-Detrey........ | Besançon....... | Doubs......... | 193. |

| NOMS DES FABRICANS. | RÉSIDENCES. | DÉPARTEMENS. | N.os du catalog. |
|---|---|---|---|
| **MM.** | | | |
| Froment | Rhetel | Ardennes | 194. |
| D'Autremont | Villepreux | Seine-et-Oise | 195. |
| Fages | Carcassonne | Aude | 196. |
| Lhéritier-Texier | Château-Renaud | Indre-et-Loire | 197. |
| Allouard | " | Idem | 198. |
| Jahau-Lhéritier | Château-Renaud | Idem | 199. |
| Renard-Lhéritier | Idem | Idem | 200. |
| Jobert-Lucas | Reims | Marne | 201. |
| Dufour frères | Saint-Quentin | Aisne | 202. |
| Lagorce | Paris | Seine | 203. |
| Limage-Pinson | Idem | Idem | 204. |
| Hindenlang père et fils | Idem | Idem | 205. |
| Hébert et compagnie | Idem | Idem | 206. |
| Channebot | Idem | Idem | 207. |
| Simons | Idem | Idem | 208. |
| Bauson | Idem | Idem | 209. |
| Loffet | Idem | Idem | 210. |
| Marcotte-Genlis | Idem | Idem | 211. |
| Baligot (Remy) | Reims | Marne | 212. |
| Dassié | Revel | Haute-Garonne | 213. |
| Houdouard-Détrey | Idem | Idem | 124. |

## VELOURS D'UTRECHT.

| NOMS DES FABRICANS. | RÉSIDENCES. | DÉPARTEMENS. | N.os du catalog. |
|---|---|---|---|
| Laurent-Morand | Amiens | Somme | 215. |
| Delahaye-Pisson | Idem | Idem | 216. |
| Leprince et Massias | Idem | Idem | 217. |
| Boursin | Lisieux | Calvados | 218. |
| Wattier | Idem | Idem | 219. |
| Baligot père et fils | Reims | Marne | 220. |
| " | " | Mayenne | 221. |
| Champigneulle | Metz | Moselle | 222. |
| François Flarr | Strasbourg | Bas-Rhin | 223. |
| Toutain l'aîné | Bray | Eure | 224. |
| Benjamin Calender | Orléans | Loiret | 225. |
| Perrier fils | Paris | Seine | 226. |
| Zoé Granier | Montpellier | Hérault | 227. |
| Guibal jeune | Castres | Tarn | 228. |
| Boy fils | Rennes | Ille-et-Vilaine | 229. |
| Jobert-Lucas | Reims | Marne | 230. |

## FLANELLES.

| NOMS DES FABRICANS. | RÉSIDENCES. | DÉPARTEMENS. | N.os du catalog. |
|---|---|---|---|
| Madame veuve Henriot aînée | Idem | Idem | 231. |
| Godart-Menesson | Idem | Idem | 232. |

| NOMS<br>DES FABRICANS. | RÉSIDENCES. | DÉPARTEMENS. | N.os<br>du<br>catalog. |
|---|---|---|---|
| **MM.** | | | |
| Henriot, frères, sœur et comp. | Reims......... | Marne......... | 233. |
| Jobert-Lucas.............. | Idem......... | Idem......... | 234. |
| Cosnard................. | Saint-Lô....... | Manche........ | 235. |
| Legrand-Lemor ........... | Paris......... | Seine......... | 236. |

### ÉTOFFES DE CRIN ET DE POIL.

| | | | |
|---|---|---|---|
| Guibert et Johet ........... | Paris......... | Seine......... | 237. |
| Madame veuve Gossay....... | Gavray....... | Manche........ | 238. |
| Sorel................... | Caen......... | Calvados....... | 239. |
| Bardel fils............... | Paris......... | Seine......... | 1635. |

### CHAPELLERIE.

| | | | |
|---|---|---|---|
| Mademoiselle Manceau...... | Paris......... | Seine......... | 240. |
| Guichardière............. | Idem......... | Idem......... | 241. |
| Lousteau et compagnie...... | Idem......... | Idem......... | 242. |
| Florentin Couyère et compagnie. | Idem......... | Idem......... | 243. |
| " | " | Aube......... | 244. |
| " | " | Idem......... | 245. |
| Brouilland............... | Limoges....... | Haute-Vienne... | 246. |
| Rous aîné............... | Rodez........ | Aveyron....... | 247. |
| Viaud de Mourche......... | Marseille...... | Bouc.-du-Rhône. | 248. |
| " | Saint-Loup..... | Haute-Saone.... | 249. |
| Couyère................ | Caen......... | Calvados....... | 250. |
| Allemand............... | Gap......... | Hautes-Alpes.... | 251. |
| Chenard................ | Lyon......... | Rhône......... | 252. |
| Dormois................ | Toulouse...... | Haute-Garonne.. | 253. |
| Maurisier............... | Pignans....... | Var.......... | 254. |
| Milcent Shere Keubieck...... | Rouen........ | Seine-Inférieure.. | 255. |
| Poujal................. | Albi......... | Tarn......... | 256. |
| Lautier................. | Idem......... | Idem......... | 257. |
| Lauche................. | Montpellier..... | Hérault........ | 258. |
| Masclet................ | Idem......... | Idem......... | 259. |
| Lamorte................ | Gap......... | Hautes-Alpes.... | 260. |
| Guichard............... | Idem......... | Idem......... | 261. |
| Delonchant............. | Paris......... | Seine......... | 262. |

### SOIE.

| | | | |
|---|---|---|---|
| Pascal Eymieu............ | Saillans....... | Drôme........ | 263. |
| Audibert................ | Tonilles....... | Bouc.-du-Rhône. | 264. |
| Maille fils (Jean-Joseph)..... | Saint-Remy..... | Idem......... | 265. |
| Brest fils................ | Roquevaire..... | Idem......... | 266. |

| NOMS DES FABRICANS. | RÉSIDENCES. | DÉPARTEMENS. | N.os du catalog. |
|---|---|---|---|
| **MM.** | | | |
| Cremière-Jeuffrain | Tours | Indre-et-Loire | 267 |
| Bernard frères | Draguignan | Var | 268. |
| Noel Champoiseau | Tours | Indre-et-Loire | 269. |
| Lacombe-Lalauze | L'Argentière | Ardèche | 270. |
| Guillaume Derbost | Idem | Idem | 271. |
| Demontès | Privas | Idem | 272. |
| Ganiat | Idem | Idem | 273. |
| Bodin | Saint-Donat | Drôme | 274. |
| Delacour | Tains | Idem | 275. |
| Eymiau | Saillans | Idem | 276. |
| Guiraudet-Plantier | Alais | Gard | 277. |
| Percie et Charrat | Bonlieu | Ardèche | 278. |
| Poidebard | Lyon | Rhône | 279. |
| Bonnard père et fils | Idem | Idem | 280. |
| Chartron père et fils | Saint-Vallier | Drôme | 281. |
| Baron frères | Nîmes | Gard | 282. |
| Chauvelot | Dijon | Côte-d'Or | 283. |
| Lafarge | Privas | Ardèche | 284. |
| Vallard père | Moulins | Allier | 285. |
| Madame la marq.se de Villeneuve | Valbougrès | Var | 286. |
| Chambon | Alais | Gard | 287. |
| Maille père et fils | Lyon | Rhône | 288. |
| Seguin père et fils | Idem | Idem | 289. |
| Bouvard et compagnie | Idem | Idem | 290. |
| Guérin-Philippon | Idem | Idem | 291. |
| Cabana | Nîmes | Gard | 292. |
| Jean Noël | Idem | Idem | 293. |
| Cruveillier et Darboux | Idem | Idem | 294. |
| Pittet ainé | Tours | Indre-et-Loire | 295. |
| Grand (Amable) | Lyon | Rhône | 296. |
| Couchonnat et compagnie | Idem | Idem | 297. |
| Roux-Carbonnel | Nîmes | Gard | 298. |
| Perdereau | Tours | Indre-et-Loire | 299. |
| Despouilly | Lyon | Rhône | 300. |
| Ajac | Idem | Idem | 301. |
| Beauvais et compagnie | Idem | Idem | 302. |
| Chuard | Idem | Idem | 303. |
| Bellangé et Dumas-Descourbes | Paris | Seine | 304. |
| Cremière-Jeuffrain | Tours | Indre-et-Loire | 305. |
| Mingeaud | Marseille | Bouc.-du-Rhône | 306. |
| Jean Richard | Nîmes | Gard | 307. |
| Roux-Ollat et Dewernay | Lyon | Rhône | 308. |

| NOMS DES FABRICANS. | RÉSIDENCES. | DÉPARTEMENS. | N.os du catalog. |
|---|---|---|---|
| MM. | | | |
| Rouvière et Gaussent | Nîmes | Gard | 309. |
| Madame veuve Monterrard | Lyon | Rhône | 310. |
| Frédéric Pillet | Tours | Indre-et-Loire | 311. |
| Meynard cadet | Nîmes | Gard | 312. |
| Marion Mathieu | Idem | Idem | 313. |
| Rouvier | Idem | Idem | 314. |
| Foussard, Patu et Philipon | Idem | Idem | 315. |
| Grand frères | Lyon | Rhône | 316. |
| Viollet, Letord et compagnie | Tours | Indre-et-Loire | 1615. |
| Bony | Lyon | Rhône | 1620. |

### RUBANS DE SOIE.

| NOMS DES FABRICANS. | RÉSIDENCES. | DÉPARTEMENS. | N.os du catalog. |
|---|---|---|---|
| Michault et Dutrou | Paris | Seine | 317. |
| Vignat et Dumarest | Saint-Étienne | Loire | 318. |
| Vuidecoq | Abbeville | Somme | 319. |

### TULLES, CRÊPES, GAZES, DENTELLES.

| NOMS DES FABRICANS. | RÉSIDENCES. | DÉPARTEMENS. | N.os du catalog. |
|---|---|---|---|
| Bonnard père et fils | Lyon | Rhône | 320. |
| Chedaux | Metz | Moselle | 321. |
| Dervieux | Saint-Étienne | Loire | 322. |
| Chartron père et fils | Saint-Vallier | Drôme | 323. |
| Lehoult | Saint-Quentin | Aisne | 324. |
| Banse et Rast-Maupas | Lyon | Rhône | 325. |
| Madame Poupart | Paris | Seine | 326. |
| Laclotte | Idem | Idem | 327. |
| Mademoiselle Cavaroz | Idem | Idem | 328. |
| Chenut et compagnie | Nancy | Meurthe | 329. |
| Cremière-Jeuffrain | Tours | Indre-et-Loire | 330. |
| Jacobi le Sourd | Idem | Idem | 331. |

### DENTELLES ET BLONDES.

| NOMS DES FABRICANS. | RÉSIDENCES. | DÉPARTEMENS. | N.os du catalog. |
|---|---|---|---|
| Madame la marquise d'Argence | Paris | Seine | 332. |
| Madame Jean Delamarre | Bayeux | Calvados | 333. |
| Lepeton | Idem | Idem | 334. |
| Leboulanger | Idem | Idem | 335. |
| Bonnaire (Jean-Bapt.) et comp.e | Caen | Idem | 336. |
| Jean-Baptiste Bonnaire | Idem | Idem | 337. |
| Moreau et fils | Chantilly | Oise | 338. |
| Lequeux-Fourdin | Douay | Nord | 339. |
| Thomassin-Corbitt | Idem | Idem | 340. |
| Docagne et Lesueur | Alençon | Orne | 341. |

| NOMS DES FABRICANS. | RÉSIDENCES. | DÉPARTEMENS. | N.os du catalog. |
|---|---|---|---|
| **MM.** | | | |
| Huvet | Bayeux | Calvados | 342. |
| Madame *Michel* | Saint-Lô | Manche | 343. |
| La Manufacture de | Valognes | *Idem* | 344. |
| Madame *Delarochette* | Châtellerault | Vienne | 345. |
| *Cremière-Cornay* | Loudun | *idem* | 346. |
| *Assezat* | Le Puy | Haute-Loire | 347. |
| *Remi Garette* | Arras | Pas-de-Calais | 348. |
| *Leblond (Pierre)* | Caen | Calvados | 349. |
| *Chenu* | " | Manche | 1613. |
| *Vandessel* | Chantilly | Oise | 1614. |
| *Mercier* | Alençon | Orne | 1624. |

### CHANVRE ET LIN.

| NOMS DES FABRICANS. | RÉSIDENCES. | DÉPARTEMENS. | N.os du catalog. |
|---|---|---|---|
| *Declanlieux* | Paris | Seine | 350. |
| *Benjamin Calender* | Orléans | Loiret | 351. |
| Maison de détention | Beaulieu | Calvados | 352. |
| *Grouselle - Faucheux* et *Savreux-Fiévée* | Nouvion | Aisne | 353. |
| Gautier | Longny | Orne | 354. |
| Gouy | Rouen | Seine-Inférieure | 355. |
| *Adeline* fils | Malaunay | *Idem* | 356. |
| *Lepers* | Valenciennes | Nord | 357. |
| *Donadei* | Grasse | Var | 358. |
| *Hazarel* | Valenciennes | Nord | 359. |
| " | " | Mayenne | 360. |
| *Godart* | Amiens | Somme | 361. |
| *Pierrot* | Reims | Marne | 362. |
| *Colin* | Châlons | *Idem* | 363. |
| *Durécu* | Le Havre | Seine-Inférieure | 364. |
| *Milliet-Choquet* | Moulins | Allier | 365. |
| *Questier* | Corbeil | Seine-et-Oise | 366. |
| *Furet-Laboulaye* | Lieurey | Eure | 367. |
| *Escada* fils | Agen | Lot-et-Garonne | 368. |
| *Joubert - Bonnaire* père et fils, Giraud et compagnie | Angers | Maine-et Loire | 369. |
| *Gau* frères | Strasbourg | Bas-Rhin | 370. |
| *Morice Dulerain* | Rennes | Ille-et-Vilaine | 371. |
| *Leboucher-Villegaudin* | *Idem* | *Idem* | 372. |
| *Palfresne* | Gentilly | " | 373. |
| *Pierre Bègue* | Pau | Basses-Pyrénées | 374. |
| *Caron-Langlois* | Beauvais | Oise | 375. |
| *Grégoire Langlois* | Orbec | Calvados | 376. |

| NOMS DES FABRICANS. | RÉSIDENCES. | DÉPARTEMENS. | N.ᵒˢ du catalog. |
|---|---|---|---|
| MM. | | | |
| " | " | Mayenne | 377. |
| " | " | Idem | 378. |
| " | " | Idem | 379. |
| " | " | Idem | 380. |
| Carucé frères | Alby | Tarn | 381. |
| Pluchart-Brabant | Saint-Quentin | Aisne | 382. |
| Lehoult | Idem | Idem | 383. |
| Hazard | Valenciennes | Nord | 384. |
| Edmond Hamoir | Idem | Idem | 385. |
| Rivier et Maurel | Embrun | Hautes-Alpes | 386. |
| Boy fils | Rennes | Ille-et-Vilaine | 387. |
| Thorné | Gap | Hautes-Alpes | 388. |
| " | " | Mayenne | 389. |
| " | " | Idem | 390. |
| " | " | Idem | 391. |
| Noguès | Rohan | Morbihan | 392. |
| Clarisse-Piat | Merville | Nord | 393. |
| Thorel | Lisieux | Calvados | 394. |
| Lemeneur | Vimoutiers | Orne | 395. |
| Yver | Idem | Idem | 396. |
| Ridel (François) | Crouptes | Idem | 397. |
| Delisle fils | Vimoutiers | Idem | 398. |
| Moulin | Idem | Idem | 399. |
| Daguin | Idem | Idem | 400. |
| " | " | Mayenne | 401. |
| " | " | Idem | 402. |
| " | " | Idem | 403. |
| " | " | Idem | 404. |
| Couture Dubuisson | Vimoutiers | Orne | 405. |
| Dolé fils | Saint-Quentin | Aisne | 406. |
| H. F. Pelletier | Idem | Idem | 407. |
| Lehoult | Idem | Idem | 408. |
| Benard (Robert) | Lisieux | Calvados | 409. |
| Benard (Nicolas) | Idem | Idem | 410. |
| Toutain | Idem | Idem | 411. |
| Bordeaux-Fournet | Idem | Idem | 412. |
| Heussy frères | Montbéliard | Doubs | 413. |
| Bouley-Fresnel | " | Eure | 414. |
| Callet | Hallencourt | Somme | 415. |
| Adrien Thirouin | Évreux | Eure | 416. |
| Lecheurel | La Lande-Patry | Orne | 417. |
| Fevrier | Montibourg | Manche | 418. |

| NOMS DES FABRICANS. | RÉSIDENCES. | DÉPARTEMENS. | N.os du catalo |
|---|---|---|---|
| **MM.** | | | |
| *Dolley* | Saint-Lô | Manche | 419 |
| *Martin Martinière* | Coutances | *Idem* | 420 |
| *Perjeau* | Montibourg | *Idem* | 421 |
| *Médard* | *Idem* | *Idem* | 422 |
| *Colombel* | Claville | Eure | 423 |
| *Dâpres* et *Aumont* | A l'Aigle | Orne | 424 |
| *Reynaud* | Saint-Malo | Ille-et-Vilaine | 425 |
| *Murie* | Vire | Calvados | 426 |
| *Lemaître* | Au Mans | Sarthe | 427 |
| *Tardif* fils aîné et sœurs | Bayeux | Calvados | 428 |
| *Bonnard* père, *F. J. Nepple* | Rue de la Grande-Truanderie, n.º 54. | | 429 |
| *Touze* fils | Essonne | Seine-et-Oise | 1601 |

## COTONS FILÉS.

| NOMS DES FABRICANS. | RÉSIDENCES. | DÉPARTEMENS. | N.os du catalo |
|---|---|---|---|
| *Chamber-Bourdillon* | Paris | Seine | 430 |
| *Gombert* père et fils et *Michelez.* | *Idem* | *Idem* | 431 |
| *Doyen* | *Idem* | *Idem* | 432 |
| *Pélissier, Guignon* et compag. | " | B.-du-Rhône | 433 |
| *Carlos Florin* | Roubaix | Nord | 434 |
| *Corneille Pollet* | Lille | *Idem* | 435 |
| *Constantin* frères | Limoges | Haute-Vienne | 436 |
| *Grégoire Langlois* | Orbec | Calvados | 437 |
| *Madeline* jeune | Condé-sur-Noireau | *Idem* | 438 |
| Madame veuve *Bazin-Duclos.* | *Idem* | *Idem* | 439 |
| *Delajerté* | *Idem* | *Idem* | 440 |
| *Basin-Busson* | *Idem* | *Idem* | 441 |
| *Baudoin* | Troyes | Aube | 442 |
| *Truelle* frères | " | *Idem* | 443 |
| *Dupont-Boilletot* | " | *Idem* | 444 |
| *Lecordier* | Aunay | Calvados | 445 |
| *Charles Fiévet* | Lille | Nord | 446 |
| *Lehoult* | Versailles | Seine-et-Oise | 447 |
| *Marmod* frères | Domèvre | Meurthe | 448 |
| *Meslier* | Vire | Calvados | 449 |
| *Lebailly* fils | Falaise | *Idem* | 450 |
| *Schlumberger* et *Hergog* | Logerbach | Haut-Rhin | 451 |
| *Lehoult* | Saint-Quentin | Aisne | 452 |
| *Dollfus, Mieg* et compagnie | Mulhausen | Haut-Rhin | 453 |
| *Arpin* et fils | Saint-Quentin | Aisne | 454 |
| *Adeline* | Saleux | Somme | 455 |
| *Gros-Davillier, Roman* et comp, | Wesserling | Haut-Rhin | 456 |
| *Schlumberger* et compagnie | Mulhausen | Haut-Rhin | 457 |

| NOMS DES FABRICANS. | RÉSIDENCES. | DÉPARTEMENS. | N.os du catalog. |
|---|---|---|---|
| MM. | | | |
| Fortier............... | Évreux......... | Eure.......... | 458. |
| Davillier-Lombard........... | Gisors.......... | Idem.......... | 459. |
| Mourgue............. | Rouval........ | Somme........ | 460. |
| Jacques Fauquet frères....... | Bolbec........ | Seine-Inférieure.. | 461. |
| Jacques Lemaître et fils....... | Idem.......... | Idem.......... | 462. |
| Jacques Levavasseur......... | Rouen........ | Idem.......... | 463. |
| Adeline fils........... | Malaunay...... | Idem.......... | 464. |
| Guillaume Desmarets le jeune.. | Bapaume-lès-Rouen.. | Idem.......... | 465. |
| Dolley.............. | Saint-Lô...... | Manche........ | 466. |
| J.-B. Moinet.......... | Pont-de-Metz.... | Somme........ | 467. |
| Deltuf............. | La Ferté-Aleps... | Seine-et-Oise.... | 468. |
| Sellier............ | Goneville...... | Manche........ | 469. |
| Fontenillat......... | Le Vast....... | Idem.......... | 470. |
| Henri Parciot......... | Bar-le-Duc...... | Meuse........ | 471. |
| Peugeot frères......... | Herimoncourt... | Doubs........ | 472. |
| Thevenot........... | Moyzans....... | Jura.......... | 473. |
| La Manufacture de S.-Maurice. | Sennones...... | Vosges........ | 474. |
| La Fabrique de Charité..... | Vannes....... | Morbihan...... | 475. |
| Lambert............. | Lille......... | Nord......... | 476. |
| Mille............. | Idem......... | Idem......... | 477. |
| Grivel............. | Auchy-les-Moines | Pas-de-Calais.... | 478. |
| Plohais............ | Toulouse....... | Haute-Garonne.. | 479. |
| Macquet.......... | Paris........ | Seine........ | 480. |
| Lepelletier.......... | Idem......... | Idem......... | 481. |
| Bodineau.......... |  | Loire-Inférieure.. | 1638. |

## MOUSSELINES, PERCALES, CALICOTS.

| NOMS DES FABRICANS. | RÉSIDENCES. | DÉPARTEMENS. | N.os du catalog. |
|---|---|---|---|
| Aubraye frères............ | Condé-sur-Noireau... | Calvados....... | 482. |
| Dulud père............. | Carlepont...... | Oise.......... | 483. |
| Martel............... | Clermont..... | Idem.......... | 484. |
| Perregaux et Robin......... | Bourgoing..... | Isère......... | 485. |
| Lecordier............ | Aunay........ | Calvados....... | 486. |
| Clérambault et Lecocq....... | Alençon....... | Orne.......... | 487. |
| Huguenin l'aîné......... | Mulhausen...... | Haut-Rhin...... | 488. |
| Le même............ | Idem......... | Idem......... | 489. |
| Blériot............ | Villers-Faucon.. | Somme........ | 490. |
| Malezieux........... | Templeux...... | Idem.......... | 491. |
| Bleuse............ | Epchy........ | Idem.......... | 492. |
| Mellier-Ribaucourt......... | Abbeville....... | Idem.......... | 493. |
| Chatoney-Leutner.......... | Tarare........ | Rhône........ | 494. |
| Matagrin............ | Idem......... | Idem.......... | 495. |

I

| NOMS DES FABRICANS. | RÉSIDENCES. | DÉPARTEMENS. | N.os du catalog. |
|---|---|---|---|
| **MM.** | | | |
| Fontenillat.................. | Le Vast......... | Manche......... | 496. |
| Calenge.................... | Cerigny-la-Salle. | Idem.......... | 497. |
| Desjardins - Renoult.......... | Séez............ | Orne......... | 498. |
| De Surmont............... | Melun......... | Seine-et-Marne.. | 499. |
| " | " | Mayenne....... | 500. |
| " | " | Idem.......... | 501. |
| Viard..................... | Rouen......... | Seine-Inférieure.. | 502. |
| Ladrière (Ferdinand)........ | Le Cateau...... | Nord.......... | 503. |
| Fauquet frères............. | Bolbec........ | Seine-Inférieure.. | 504. |
| Jacques Lemaître et fils....... | Idem........... | Idem........... | 505. |
| Duchesne et Tieulen.......... | Yvetot........ | Idem.......... | 506. |
| Prevost et Peuchet.......... | Idem........... | Idem. | 507. |
| Balbâtre.................. | Nancy......... | Meurthe....... | 508. |
| Anquetil.................. | Paris......... | Seine.......... | 509. |
| Dupont................... | " | Aube.......... | 510. |
| Bleuse ................... | Epchy......... | Somme......... | 511. |
| Cary frères............... | Idem.......... | Idem.......... | 512. |
| Lehoult................... | Saint-Quentin... | Aisne.......... | 513. |
| Arpin et fils.............. | Idem.......... | Idem.......... | 514. |
| Frédéric Arpin............. | Idem.......... | Idem.......... | 515. |
| Revel.................... | Flers-Canton.... | Somme......... | 516. |
| Caille.................... | Roisel......... | Idem.......... | 517. |
| Boulanger................ | Péronne........ | Idem.......... | 518. |
| Godefroy.................. | Rouen........ | Seine-Inférieure.. | 519. |
| Vandermersch.............. | Royaumont..... | Seine-et-Oise.... | 520. |
| Jacques-Nicolas Thomas....... | Yvetot......... | Seine-Inférieure.. | 521. |
| Guillemet................. | Nantes......... | Loire-Inférieure. | 522. |

### MOUCHOIRS DE COTON.

| NOMS DES FABRICANS. | RÉSIDENCES. | DÉPARTEMENS. | N.os du catalog. |
|---|---|---|---|
| Charreau et Labrosse........ | Chollet......... | Maine-et-Loire.. | 523. |
| Farel et fils.............. | Montpellier..... | Hérault........ | 524. |
| Verditer................. | Idem.......... | Idem.......... | 525. |
| Hannotin-Geoffroy.......... | Bar-le-Duc..... | Meuse......... | 526. |
| Valat.................... | Montpellier..... | Hérault........ | 527. |
| Thomas.................. | Idem.......... | Idem.......... | 528. |
| Madame veuve Delloye et fils.. | Cambray....... | Nord.......... | 529. |

### VELOURS DE COTON.

| NOMS DES FABRICANS. | RÉSIDENCES. | DÉPARTEMENS. | N.os du catalog. |
|---|---|---|---|
| Ducos frères............. | Amiens........ | Somme......... | 530. |
| Lacroix ................. | Idem.......... | Idem.......... | 531. |
| Lecaron ................. | Idem.......... | Idem.......... | 532. |

| NOMS DES FABRICÁNS. | RÉSIDENCES. | DÉPARTEMENS. | N.os du catalog. |
|---|---|---|---|
| **MM.** | | | |
| J.-B. Moinet | Pont-de-Metz | Somme | 533. |
| Mesdemoiselles *Roussel-Bloquet* | Amiens | Idem | 534. |
| *Herbet de Saint-Rignier* | Idem | Idem | 535. |
| *Despiau* | Ham | Idem | 536. |
| *Perrier* fils | Paris | Seine | 537. |
| *Martorey* | Tournus | Saone-et-Loire | 538. |
| *Berthé* | Idem | Idem | 539. |
| *Bassecourt* et fils | Idem | Idem | 540. |
| *Accary* frères | Idem | Idem | 541. |
| *Thibaut* | Idem | Idem | 542. |
| *Pujol* | Saint-Dié | Loir-et-Cher | 543. |

## TISSUS DE COTON.

| NOMS DES FABRICÁNS. | RÉSIDENCES. | DÉPARTEMENS. | N.os du catalog. |
|---|---|---|---|
| *Chamber-Bourdillon* | Paris | Seine | 544. |
| *Gombert* aîné et *Michelez* | Idem | Idem | 545. |
| *Delaferté* jeune | Condé-sur-Noireau | Calvados | 546. |
| *Lemoine* | Idem | Idem | 547. |
| *Robbline* | Idem | Idem | 548. |
| Madame veuve *Pellier-Duverger* | Idem | Idem | 549. |
| *Cesbron* fils | Chemillé | Maine-et-Loire | 550. |
| *Chipoulet* et *Lacombe* | Alby | Tarn | 551. |
| *Gaydet* et *Destombes* | Roubaix | Nord | 552. |
| *Delrue-Florin* | Idem | Idem | 553. |
| *Parent (Pierre)* | Idem | Idem | 554. |
| *Lepoutre-Roussel* | Idem | Idem | 555. |
| *Roussel-Dazin* | Idem | Idem | 556. |
| *Cuvru ae Surmont* | Idem | Idem | 557. |
| *Ferdinand Ladrière* | Le Catteau | Idem | 558. |
| *Lefournier-Lamotte* | Condé-sur-Noireau | Calvados | 559. |
| *Basin-Busson* | Idem | Idem | 560. |
| *Boisne-Duchemin* | Idem | Idem | 561. |
| *Hardy* | Athis | Orne | 562. |
| *Toutaint* aîné | Bray | Eure | 563. |
| *Pelletier* | Saint-Quentin | Aisne | 564. |
| *Petitjean* | Tournus | Saone-et-Loire | 565. |
| *Millot-Monniaux* | Vaux-sur-Blaise | Haute-Marne | 566. |
| *Leblanc* jeune | Saint Dizier | Idem | 567. |
| *Gambu-Delarue* | Rouen | Seine-Inférieure | 568. |
| *Denis Lallemand* | Idem | Idem | 569. |
| *Sevenne (Édouard)* | Idem | Idem | 570. |
| *Beaudou.u* frères | Idem | Idem | 571. |

| NOMS<br>DES FABRICANS. | RÉSIDENCES. | DÉPARTEMENS. | N.<sup>os</sup><br>du<br>catalog. |
|---|---|---|---|
| **MM.** | | | |
| *Duboc* fils | Rouen | Seine-Inférieure.. | 572. |
| *Pluard* aîné | Idem | Idem | 573. |
| *Bennetot* frères | Idem | Idem | 574. |
| *Thorné* | Gap | Hautes-Alpes | 575. |
| *Dumesnil* | Coutances | Manche | 576. |
| *Delaunay* | Idem | Idem | 577. |
| *L my* | Rouen | Seine-Inférieure.. | 578. |
| *Vallée* jeune | Idem | Id.m | 579. |
| *Grout* | Idem | Idem | 580. |
| *Capron-l'Enfant* | Idem | Idem | 581. |
| *Depaux* | Bauville | Idem | 582. |
| *Henri Barbet* | Rouen | Idem. | 583. |
| *Pouchet* fils | Bolbec | Idem | 584. |
| *De Crême (Alexandre)* | Roubaix | Nord | 585. |
| *Parent (Pierre)* | Idem | Idem | 586. |
| *Cuvru de Surmont* | Idem | Idem | 587. |
| Madame *Lévêque*, v.<sup>e</sup> *Lemaître* | Bolbec | Seine-Inférieure.. | 588. |
| *Pouchet (Jacques)* | Idem | Idem | 589. |
| *Bera-Lapique* | Bar-le-Duc | Meuse | 590. |
| *Kettinguer* et fils | Bolbec | Seine-Inférieure.. | 591. |
| *Delory* | Bar-le-Duc | Meuse | 592. |
| *Delabal de Surmont* | Turcoing | Nord | 593. |
| Dépôt de mendicité de | Saint-Dizier | Ariége | 594. |
| *Lapique-Demangeot* | Bar-le-Duc | Meuse | 595. |
| Fabrique de charité de | Vannes | Morbihan | 596. |
| *Guyot-Maret* | Bar-le-Duc | Meuse | 597. |
| *Teissère* et compagnie | Troyes | Aube | 598. |
| *De Caen* le jeune | Rouen | Seine-Inférieure.. | 599. |
| *Guillemin* | Commercy | Meuse | 600. |
| *Breuillat* | Niort | Deux-Sèvres | 601. |
| *Julien (Jean-Pierre)* | Vabré | Tarn | 602. |
| *Heussy, Rau* et *Ferrand* | Montbéliard | Doubs | 603. |
| *Loupabel-Dumas* | Vabré | Tarn | 604. |
| *Julien* aîné | Castres | Idem | 605. |
| *Loup* et fils | Vabré | Idem | 606. |
| *L. Favre* aîné | Nantes | Loire-Inférieure.. | 607. |
| *Koechlin* frères | Mulhausen | Haut-Rhin | 608. |
| *Haussmann* frères | Logelbach | Idem | 609. |
| *Kohler* et *Mautz* | Mulhausen | Idem | 610. |
| *Delahaye* et *Willot* | Bolbec | Seine-Inférieure.. | 611. |
| *Sainscrre-Royer* | Bar-le-Duc | Meuse | 612. |
| *Ziegler-Greuter* | Guelwiller | Haut-Rhin | 613. |

| NOMS DES FABRICANS. | RÉSIDENCES. | DÉPARTEMENS. | N.os du catalog. |
|---|---|---|---|
| **MM.** | | | |
| Blech-Frières et compagnie... | Mulhausen...... | Haut-Rhin...... | 614. |
| Heilmann frères........... | Idem...... | Idem........... | 615. |
| Gros-Davilliers, Roman et comp. | Wesserling..... | Idem........... | 616. |
| Zuscher et compagnie...... | Mulhausen...... | Idem........... | 617. |
| Robert-Bovet........... | Thann........ | Idem........... | 618. |
| Hausmann........... | Colmar........ | Idem........... | 619. |
| Gontaul jeune........... | Lyons-la-Forêt.. | Eure........... | 620. |
| Obercampf........... | Jouy......... | Seine-et-Oise.... | 621. |
| Chéruel fils........... | Rouen........ | Seine-Inférieure.. | 622. |
| Dollfus, Mieg et compagnie... | Mulhausen..... | Haut-Rhin...... | 623. |
| Schlumberger (Daniel)....... | Lutterbach..... | Idem........... | 624. |
| Leauret........... | Ganges....... | Hérault........ | 625. |
| Ateyriceis........... | Idem........ | Idem........... | 626. |
| Turs........... | Nimes........ | Gard........... | 627. |
| Coecques-Valle........... | Arras........ | Pas-de-Calais.... | 628. |
| Vallard fils........... | Moulins....... | Allier........... | 629. |
| Pannier-Darche........... | Paris........ | Seine........... | 630. |
| Léonard Guillou........... | Tours........ | Indre-et-Loire... | 631. |
| Jacobi le Sourd........... | Idem........ | Idem........... | 632. |
| Denis........... | Paris........ | Seine........... | 633. |
| Jouanne de la Rothières....... | Troyes........ | Aube........... | 634. |
| Duchaussoy........... | Idem........ | Idem........... | 635. |
| Roizard........... | Idem........ | Idem........... | 636. |
| Mozer-Ondin........... | Arcis-sur-Aube.. | Idem........... | 637. |
| Godot........... | Idem........ | Idem........... | 638. |
| Denis Becker........... | Idem........ | Idem........... | 639. |
| Guéritte........... | Idem........ | Idem........... | 640. |
| Delatour-Saurat........... | Idem........ | Idem........... | 641. |
| Charles Fiévet........... | Lille........ | Nord........... | 642. |
| Deffontès-Gilbert........... | Moulins....... | Allier........... | 643. |
| Quérinot........... | Valençay...... | Indre........... | 644. |
| Bordet........... | Idem........ | Idem........... | 645. |
| Léonard Guillois........... | Tours........ | Indre-et-Loire... | 646. |
| D'Autreville........... | Châlons....... | Marne........... | 647. |
| Ancel........... | Dijon........ | Côte-d'Or...... | 648. |
| Vallard........... | Moulins....... | Allier........... | 649. |
| Firmin et Franç.-Thomas Cardu. | Harbonnières.... | Somme........... | 650. |
| Godefroy........... | Caen........ | Calvados........ | 651. |
| Davois........... | Falaise........ | Idem........... | 652. |

## BONNETERIE DE FIL ET LAINE.

| | | | |
|---|---|---|---|
| Dubost........... | Paris......... | Seine........... | 653. |
| Pannier-Darche........... | Idem....... | Idem........... | 654. |

| NOMS DES FABRICANS. | RÉSIDENCES. | DÉPARTEMENS. | N.os du catalog. |
|---|---|---|---|
| MM. | | | |
| Cocques-Valle | Arras | Pas-de-Calais | 655. |
| Cossigny | Lille | Nord | 656. |
| Detrey | Besançon | Doubs | 657. |
| Bonnard, P. F. J. Nepple | Paris | Seine | 658. |
| Reine | Idem | Idem | 659. |
| Vincent (Jean) et compagnie | Marseille | Bouch.-du-Rhône | 660. |
| Rostan-Vidal | Idem | Idem | 661. |
| Perducet et Desgrand | Annonay | Ardèche | 662. |
| Balbâtre | Nancy | Meurthe | 663. |
| Benoît Mérat et Desfrancs | Orléans | Loiret | 664. |
| Serpette-Lafétries | Lamotte | Somme | 665. |
| Cocques-Valle | Arras | Pas-de-Calais | 666. |
| Fériaque | Joinville | Haute-Marne | 667. |
| André Fabre | Prats-de-Mollo | Pyrénées-Orient. | 668. |
| Delöynes, Benoît Hallier et comp. | Orléans | Loiret | 669. |
| Ancel | Dijon | Côte-d'Or | 670. |
| Prat | Lasalle | Hautes-Alpes | 671. |
| Lefebvre-Millet | Renwez | Ardennes | 672. |
| Maurel | Larroque | Ariége | 673. |
| Vaysse | La Crouzette | Tarn | 674. |

## TISSUS IMITANT LA PEINTURE.

### TAPIS ET MOQUETTES.

| NOMS DES FABRICANS. | RÉSIDENCES. | DÉPARTEMENS. | N.os du catalog. |
|---|---|---|---|
| Demenou et Delambert | ″ | ″ | 675. |
| Bellanger et Vayson | Paris | Seine | 676. |
| Sandrin | Idem | Idem | 677. |
| Rogier et Sallandrouse | Idem | Idem | 678. |
| Roze (Abraham) | Tours | Indre-et-Loire | 679. |
| Jobert-Lucas | Reims | Marne | 680. |
| Jeannin | Autun | Saône-et-Loire | 681. |
| Lamart (Martin) | Amiens | Somme | 682. |
| Mortier frères | Idem | Idem | 683. |
| Henri Laurent | Idem | Idem | 684. |
| Hecquet-Dorval | Abbeville | Idem | 685. |

### TABLEAUX EN VELOURS.

| NOMS DES FABRICANS. | RÉSIDENCES. | DÉPARTEMENS. | N.os du catalog. |
|---|---|---|---|
| Vashelin | Paris | Seine | 686. |
| Grégoire | Idem | Idem | 687. |
| Madame Anna de N*** | Idem | Idem | 688. |

| NOMS DES FABRICANS. | RÉSIDENCES. | DÉPARTEMENS. | N.os du catalog. |
|---|---|---|---|

**PAPETERIE.**

MM.

| NOMS DES FABRICANS. | RÉSIDENCES. | DÉPARTEMENS. | N.os du catalog. |
|---|---|---|---|
| Dessaux | Paris | Seine | 689. |
| Susse-Aubé | Idem | Idem | 690. |
| Houbigant | Idem | Idem | 691. |
| Augrane | Idem | Idem | 692. |
| Didot-Saint-Leger | Idem | Idem | 693. |
| Delagarde | Idem | Idem | 694. |
| Durand fils | Vire | Calvados | 695. |
| Bonnel | Tilly-sur-Seules | Idem | 696. |
| Desétables aîné | Vire | Idem | 697. |
| Mathieu Romanet | Limoges | Haute-Vienne | 698. |
| Roulhac aîné | Idem | Idem | 699. |
| Horace Brunet | Lyon | Rhône | 700. |
| Lauson | Coutances | Manche | 701. |
| Madame veuve Louchan | Barjols | Var | 702. |
| Jardel Laroque | " | Dordogne | 703. |
| Sicoud | Lacour-lès-Baume | Doubs | 704. |
| Brocard et Guilgot | Docelles | Vosges | 705. |
| Madame veuve Pellerin | Niort | Deux-Sèvres | 706. |
| Fothe | Vendôme | Loir-et-Cher | 707. |
| Serre | Duvernet | Allier | 708. |
| Vauchemont | Vizerne | Pas-de-Calais | 709. |
| Gathé | Beauficel | Manche | 710. |
| Esneu | Sourdeval | Idem | 711. |
| Daujon | Saint-Barthelemi | Idem | 712. |
| Homo | Vengeons | Idem | 713. |
| Gaudin puîné | Moulin de Chantoiseau | Charente | 714. |
| Lacroix jeune | Idem de S.t-Michel | Idem | 715. |
| Lacourade et Georgeon | Id. de la Courade | Idem | 716. |
| Gaudin aîné | Id. des Gaudins | Idem | 717. |
| Laroche puîné | " | Idem | 718. |
| Baron-Causon | Vidaloux-lès-Annonay | Ardèche | 719. |
| Johannot | Annonay | Idem | 720. |
| Montgolfier | S.-Marcel-lès-Anonnay | Idem | 721. |
| Court (Pierre) | Lizier | Ariége | 722. |
| Brien (Jacques) | Castres | Tarn | 723. |
| Dagnet | Cugand | Vendée | 724. |
| Rousseau | Paris | Seine | 725. |
| Bereita | Idem | Idem | 1618. |
| Bert | Idem | Idem | 1619. |

| NOMS<br>DES FABRICANS. | RÉSIDENCES. | DÉPARTEMENS. | N.ᵒˢ du catalog. |
|---|---|---|---|

## CARTONS À PRESSER.

MM.

| | | | |
|---|---|---|---|
| Dousals et fils | Montauban | Tarn-et-Garonne. | 726. |
| Caraillon-Gentil | Nîmes | Gard | 727. |
| Gentil (Ph.) | Vienne | Isère | 728. |

## APPRÊTS ET TEINTURES.

### PAPIERS PEINTS.

| | | | |
|---|---|---|---|
| Rousseau | Paris | Seine | 729. |
| Jacquemart | Idem | Idem | 730. |
| Dufour | Idem | Idem | 731. |
| Gohin | Idem | Idem | 732. |
| Velay | Idem | Idem | 733. |
| Zuber (Jean) | Idem | Idem | 734. |
| Richoud | Saint-Genis-Laval | Rhône | 735. |
| Simon | Paris | Seine | 736. |

### TEINTURES.

| | | | |
|---|---|---|---|
| Gonfreville fils | Rouen | Seine-Inférieure | 737. |
| Delarue | Idem | Idem | 738. |
| Anquetil-Desmarest | Idem | Idem | 739. |
| Klin | Nancy | Meurthe | 740. |
| Kroff | Paris | Seine | 741. |
| Angrand | Darnetal | Seine-Inférieure | 742. |
| Desmarest | Bapaume | Idem | 743. |
| Dietz | Barr | Bas-Rhin | 744. |
| Cheruel fils | Rouen | Seine-Inférieure | 745. |
| Guillaume Angran | S.-Léger près Rouen | Idem | 746. |
| Gain | Rouen | Idem | 747. |
| Cuit aîné | Deville près Rouen | Idem | 748. |
| Lefay | Rouen | Idem | 749. |
| Garvey frères, Delastre et Peltzer | Idem | Idem | 750. |
| Lefranc-Tirion | Bar-le-Duc | Meuse | 751. |
| Farel et fils | Montpellier | Hérault | 752. |
| Les Gobelins | Paris | Seine | 753. |
| Parie | Rouen | Seine-Inférieure | 1628. |
| Bennetot frères | Idem | Idem | 1629. |

### BLANCHIMENT.

| | | | |
|---|---|---|---|
| Gombert aîné et Michelet | Paris | Seine | 1611. |
| Caron-Langlois | Beauvais | Oise | 1612. |

## CUIRS ET PEAUX.

| NOMS DES FABRICANS. | RÉSIDENCES. | DÉPARTEMENS. | N.os du catalog. |
|---|---|---|---|
| MM. | | | |
| *Fleury* | Bordeaux | Gironde | 754. |
| *Salviat* | Bazas | *Idem* | 755. |
| *Majorel* | Saint-Geniez | Aveyron | 756. |
| *Gardes* | *Idem* | *Idem* | 757. |
| *Vergès* | *Idem* | *Idem* | 758. |
| *Serres* | Monastère-sous-Rodez | *Idem* | 759. |
| *Soucin* et *Lavocat* | Troyes | Aube | 760. |
| *Rouet-Trinquart* | Saint-Aignan | Loir-et-Cher | 761. |
| *Salasc* | Toulon | Var | 762. |
| *Godement* | Saint-Saëns | Seine-Inférieure | 763. |
| *Cornisset* | Sens | Yonne | 764. |
| *Vaslin (Alexandre)* | Château-Renaud | Indre-et-Loire | 765. |
| *Peltreau (Gratien)* | *Idem* | *Idem* | 766. |
| *Brehier* | Rennes | Ille-et-Vilaine | 767. |
| *Peltreau* frères | Château-Renaud | Indre-et-Loire | 768. |
| *Bosquier* fils | Saint-Saëns | Seine-Inférieure | 769. |
| *Roynard* | *Idem* | *Idem* | 770. |
| *Allandre* frères | Gap | Hautes-Alpes | 771. |
| *Lignière* et compagnie | Toulouse | Haute-Garonne | 772. |
| *Destois* et *Beutalon* | *Idem* | *Idem* | 773. |
| *Susbielle* | Niort | Deux-Sèvres | 774. |
| *Hastier* | Château-Villain | Haute-Marne | 775. |
| *Bonnet* | Gap | Hautes-Alpes | 776. |
| *Eyraud* | *Idem* | *Idem* | 777. |
| *Burle* | *Idem* | *Idem* | 778. |
| *Salleron* | Longjumeau | Seine-et-Oise | 779. |
| *Valtes* | Lorquin | Meurthe | 780. |
| *Largueze* cadet | Montpellier | Hérault | 781. |
| *Bernard Singla* | Clermont | *Idem* | 782. |
| *Gomart* | Ham | Somme | 783. |
| *Antoine Féau* | Montpellier | Hérault | 784. |
| *Roucher* fils | *Idem* | *Idem* | 785. |
| *J. Liquier* | Clermont | *Idem* | 786. |
| *Mathieu Soulier* | Aniane | *Idem* | 787. |
| *Muret* | Montpellier | *Idem* | 788. |
| *Noucher* | Lisieux | Calvados | 789. |
| *Delafontaine* | *Idem* | *Idem* | 790. |
| *Houlette* | *Idem* | *Idem* | 791. |

| NOMS DES FABRICANS. | RESIDENCES. | DÉPARTEMENS. | N.os du catalog. |
|---|---|---|---|
| MM. | | | |
| Salleron (Claude) | Rue Saint-Hippolyte, n.° 10 | | 792. |
| Harmois | Rue Marivaux, n.° 9 | | 793. |
| Quennehen | Rue des Audriettes, n.° 1 | | 794. |
| Didier | Rue de Montmorency, n.° 26 | | 795. |
| Delaloge | Rue de Lorillon, n.° 27 | | 796. |
| Grosjean | Rue Saint-Denis, n.° 268 | | 797. |
| Schmuck | Rue Censier, n.° 25 | | 798. |
| Mattler | Rue Censier, n.° 13 | | 799. |
| Salasc | Toulon | Var | 800. |
| Desclaux | Toulouse | Haute-Garonne | 801. |
| Ourry | Idem | Idem | 802. |
| Guérineaud | Poitiers | Vienne | 803. |
| Bataille Weber | Nantes | Loire-Inférieure | 804. |
| Plauque frères | Clermont | Hérault | 805. |
| Pierre Escomel | Annonay | Ardèche | 806. |
| Galhot | Le Chaylard | Idem | 807. |
| Olagnier | Annonay | Idem | 808. |
| Giraud | Idem | Idem | 809. |
| Lapaine | Idem | Idem | 810. |
| Glaiser | Paris | Seine | 811. |
| Valette | Idem | Idem | 812. |
| Deglène-Cousin | Annonay | Ardèche | 813. |
| Lesty-Pinsonnet | Idem | Idem | 814. |
| Texier et Bouchon | Niort | Deux-Sèvres | 815. |
| Main | Idem | Idem | 816. |
| Chrisan | Idem | Idem | 817. |
| Boudard | Chaumont | Haute-Marne | 818. |
| Vaslet | Vendôme | Loir-et-Cher | 819. |
| Michel (Claude) | Nancy | Meurthe | 820. |

## FONTE DE FER.

| NOMS DES FABRICANS. | RESIDENCES. | DÉPARTEMENS. | N.os du catalog. |
|---|---|---|---|
| Baradelle | Paris | Seine | 821. |
| Mentzer | Idem | Idem | 822. |
| Chaimpel | Allevatd | Isère | 823. |
| De Blumenstein et Frère-Jean | Vienne | Idem | 824. |
| Rochet | Bèze | Côte-d'Or | 825. |
| Cavilier | Amiens | Somme | 826. |
| Daguin | Brousseval | Haute-Marne | 827. |
| Stéhelin | Willer | Haut-Rhin | 828. |
| Bachelier d'Agès | Bourberouge | Manche | 829. |
| Goupil | Dampierre | Eure-et-Loir | 830. |
| Wurtz | Strasbourg | Bas-Rhin | 831. |

| NOMS DES FABRICANS. | RÉSIDENCES. | DÉPARTEMENS. | N.os du catalog. |
|---|---|---|---|
| MM. | | | |
| La Verrerie de | Creutzwald | Moselle | 832. |
| Michel Lagesse | Paris | Seine | 833. |
| De Blumenstein et Frère-Jean | Vienne | Isère | 834. |
| Davenne | Paris | Seine | 1622. |
| Mertian | Montataire | Oise | 835. |
| Chauffaille | Coussac-Bonneval | Haute-Vienne | 836. |
| Daguin aîné | Auberive | Haute-Marne | 837. |
| Jacot | Bienville | Idem | 838. |
| François Georges | Biesles | Idem | 839. |
| Henri Georges | Idem | Idem | 840. |
| Louis Popin | Idem | Idem | 841. |
| Irroy | Arc | Haute-Saone | 842. |
| Dufaud | Grossuvre | Cher | 843. |
| Aubertot | Vierzon | Idem | 844. |
| Royer, Payant et Thériat | Nogent-le-Rotrou | Eure-et-Loir | 845. |
| Rivals-Gincla | Villemoustauson | Aude | 846. |
| Lemyre père et fils | Clervaux | Jura | 847. |
| Rambourg | S.-Bonnet-le-Désert | Allier | 848. |
| Rochet | Bèze | Côte-d'Or | 849. |
| Poulain | Boutancourt | Ardennes | 850. |
| Couleaux frères | Bœrenthal et Gresviller | Bas-Rhin | 851. |
| Richard | Paris | Seine | 852. |
| Davenne | Idem | Idem | 1622. |

## ACIER.

| NOMS DES FABRICANS. | RÉSIDENCES. | DÉPARTEMENS. | N.os du catalog. |
|---|---|---|---|
| Mignard | Belleville | Seine | 853. |
| Jean-Baptiste Goblet | Aux Forges de Chaume près la Charité. | Nièvre | 854. |
| Grasset | A la Charité-sur-Loire. | Idem | 855. |
| Dequenne | Raveau près la Charité-sur-Loire. | Idem | 856. |
| Jude de la Judie | Champagnac | Haute-Vienne | 857. |
| Fleurat-Lessard | Chapelle-Mont-brandeix. | Idem | 858. |
| Falatieu | Montureux-lès-Gray | Haute-Saône | 859. |
| Irroy | Arc | Idem | 860. |
| Milleret | La Bérardière | Loire | 861. |
| Aubertot | Vierzon | Cher | 862. |
| Rivals-Gincla | Villemoustauson | Aude | 863. |
| Monmouceau et Dequenne | Orléans | Loiret | 864. |
| Sans | Pamiers | Ariége | 865. |

| NOMS DES FABRICANS. | RÉSIDENCES. | DÉPARTEMENS. | N.os du catalog. |
|---|---|---|---|
| **MM.** | | | |
| Ruffié | Foix | Idem | 866. |
| Rochet | Bèze | Côte-d'Or | 867. |
| Robin-Peyret | Saint-Étienne | Loire | 868. |
| Garrigou, Sans et compagnie | Toulouse | Haute-Garonne | 869. |
| Saint-Bris | Amboise | Indre-et-Loire | 870. |
| Schey | Paris | Seine | 1633. |
| **FAULX.** | | | |
| Biron | Fourvoirie-en-Chartreuse. | Isère | 871. |
| Delanos | Saint-Mauvien | Calvados | 872. |
| Ruffié | Foix | Ariége | 873. |
| Garrigou, Sans et compagnie | Toulouse | Haute-Garonne | 874. |
| Bobillier frères et Nicod | La Grand'Combe. | Doubs | 875. |
| Irroy | Arc | Haute-Saone | 876. |
| **LIMES.** | | | |
| Musseau | Paris | Seine | 877. |
| Thials-Gineta | Villemoustauson | Aude | 878. |
| Mormouceau et Dequenne | Orléans | Loiret | 879. |
| Ruffié | Foix | Ariége | 880. |
| Garrigou, Sans et compagnie | Toulouse | Haute-Garonne | 881. |
| Rochet | Bèze | Côte-d'Or | 882. |
| Saint-Bris | Amboise | Indre-et-Loire | 883. |
| Robin-Peyret | Saint-Étienne | Loire | 884. |
| De Blumenstein et Frère-Jean | Vienne | Isère | 885. |
| Boigne de Bladis et Guérin | Imphy | Nièvre | 886. |
| Fouque | Pont-Saint-Ours. | Idem | 887. |
| Aubertot | Vierzon | Cher | 888. |
| Saglot, Human et compagnie | Audincourt | Doubs | 889. |
| Rouyer et compagnie | Carignan | Ardennes | 890. |
| Falatieu | Bains | Vosges | 891. |
| Madame veuve Buyer | Ailevillers | Haute-Saone | 892. |
| Rochet | Bèze | Côte-d'Or | 893. |
| Desprez fils | La Capelle | Aisne | 894. |
| **TRÉFILERIE.** | | | |
| Mouchel | L'Aigle | Orne | 895. |
| Falatieu | Bains | Vosges | 896. |
| Madame Fleur | Lods | Doubs | 897. |
| Migeon-Dominé | Grand-Villars | Haut-Rhin | 898. |

| NOMS<br>DES FABRICANS. | RÉSIDENCES. | DÉPARTEMENS. | N.os<br>du<br>catalog. |
|---|---|---|---|

### QUINCAILLERIE DIVERSE.

MM.

| | | | |
|---|---|---|---|
| Lapie. | Charleville | Ardennes | 899. |
| Ronflette | Nouzon | Idem | 900. |
| Bouillant | L'Aigle | Orne | 901. |
| Peugeot frères | Hérimoncourt | Doubs | 902. |
| Couleaux frères | Molsheim | Bas-Rhin | 903. |
| Lejeune | Orléans | Loiret | 904. |
| Masson-Grillon | Idem | Idem | 905. |
| Griffier frères | Villemoustauson | Aude | 906. |
| Faudet | Longny | Orne | 907. |
| Bobillier frères et Nicod | La Grand'Combe | Doubs | 908. |
| Japy frère | Beaucourt | Haut-Rhin | 909. |
| Lepetit | Vire | Calvados | 910. |
| Moulin-Dufresne | Idem | Idem | 911. |
| Fontaine | Authie | Sommes | 912. |
| Lamy | Caen | Calvados | 913. |
| Morizot | Tonnerre | Yonne | 914. |
| Boilevin frères | Badonviller | Meurthe | 915. |
| Le Tixerant et compagnie | Marseille | Bouch.-du-Rhône | 916. |
| Besson | " | Loir-et-Cher | 917. |
| Contamine | Paris | Seine | 918. |
| Dumas fils | Idem | Idem | 919. |
| Jolhy | Idem | Idem | 920. |
| Rouy et Berthier | Idem | Idem | 921. |
| Royer-Payan et Thériat | Nogent-le-Rotrou | Eure-et-Loire | 922. |
| Tridon | Paris | Seine | 923. |
| Nouchet | Idem | Idem | 924. |
| Jourjon | Saint-Étienne | Loire | 925. |
| Couleaux frères | Molsheim | Bas-Rhin | 926. |
| Saint-Paul | Paris | Seine | 927. |
| Roswag | Idem | Idem | 928. |
| Gaillard aîné | Idem | Idem | 929. |
| Stammler | Strasbourg | Bas-Rhin | 930. |
| George et Henri Stammler | Idem | Idem | 931. |

### CUIVRE.

#### CUIVRE LAMINÉ ET MARTELÉ.

| | | | |
|---|---|---|---|
| Le baron de la Contamine | " | Ardennes | 932. |
| Saillard | Rugles | Eure | 933. |

| NOMS DES FABRICANS. | RÉSIDENCES. | DÉPARTEMENS. | N.os du catalog. |
|---|---|---|---|
| **MM.** | | | |
| *Mazarin* et fils | Toulouse | Haute-Garonne | 934. |
| *Boigne de Bladis* et *Guérin* | Imphy | Nièvre | 935. |
| *Boucher* fils | Rouen | Seine-Inférieure | 936. |
| La Fabrique de | Romilly | Eure | 937. |

### FIL DE LAITON.

| | | | |
|---|---|---|---|
| Le baron *de la Contamine* | " | Ardennes | 938. |
| *Saillard* | Rugles | Eure | 939. |

### PLOMB.

| | | | |
|---|---|---|---|
| *Boucher* | Paris | Seine | 940. |
| *Pécard* | Tours | Indre-et-Loire | 941. |
| *Cavalier* et fils | Marseille | B.-du-Rhône | 942. |
| *Verhelst* | Lille | Nord | 943. |
| *Yver* | Caen | Calvados | 944. |

### ZINC.

| | | | |
|---|---|---|---|
| Le baron *de la Contamine* | " | Ardennes | 945. |
| *Saillard* | Rugles | Eure | 946. |
| *Malpas* | Paris | Seine | 947. |

### OUVRAGES DE PLATINE.

| | | | |
|---|---|---|---|
| *Michaud Labonté* | Paris | Seine | 948. |
| *Cuoq* et *Couturier* | Idem | Idem | 949. |
| *Janety* fils, et *Chatenay* | Idem | Idem | 950. |

### PLAQUÉ D'OR ET D'ARGENT.

| | | | |
|---|---|---|---|
| *Tourot* aîné | Paris | Seine | 951. |
| *Hadrot* | Idem | Idem | 952. |
| *Cristofle* | Idem | Idem | 953. |
| *Pillioud* | Idem | Idem | 954. |
| *Levrat* | Idem | Idem | 955. |
| Madame veuve *Carcel* | Idem | Idem | 956. |

### FERBLANTERIE ET LUSTRERIE.

| | | | |
|---|---|---|---|
| *Denières* et *Matelin* | Paris | Seine | 957. |
| *Daujon* | Caen | Calvados | 958. |
| *Laurens* | Paris | Seine | 959. |
| *Lenoir-Ravrio* | Idem | Idem | 960. |
| *Frizon* | Idem | Idem | 961. |

| NOMS DES FABRICANS. | RÉSIDENCES. | DÉPARTEMENS. | N.ᵒˢ du catalog. |
|---|---|---|---|

**TÔLES VERNIES.**

MM.

| NOMS DES FABRICANS. | RÉSIDENCES. | DÉPARTEMENS. | N.ᵒˢ du catalog. |
|---|---|---|---|
| Allard | Paris | Seine | 962. |
| Tavernier | Idem | Idem | 963. |
| Delaroche fils | Idem | Idem | 964. |
| Frichot | Idem | Idem | 965. |
| Dumery | Saint-Julien-du-Sault | Yonne | 966. |

## QUINCAILLERIE.

### COUTELLERIE.

| NOMS DES FABRICANS. | RÉSIDENCES. | DÉPARTEMENS. | N.ᵒˢ du catalog. |
|---|---|---|---|
| Huin | Paris | Seine | 967. |
| Choquet | Idem | Idem | 968. |
| Sénéchal | Idem | Idem | 969. |
| Gillet | Idem | Idem | 970. |
| Veuve Charles | Idem | Idem | 971. |
| Vital-Cardeillac | Idem | Idem | 972. |
| Rivaud | Idem | Idem | 973. |
| Sir Henry | Idem | Idem | 974. |
| Lethien | Idem | Idem | 975. |
| Gavet | Idem | Idem | 976. |
| Trépoz | Idem | Idem | 977. |
| Grangeret | Idem | Idem | 978. |
| Quellé | Idem | Idem | 979. |
| Madame Degrand-Gurgey | Marseille | B.-du-Rhône | 980. |
| Laglaine-Chevalier | Châtellerault | Vienne | 981. |
| Bost-Mombrun | Montel | Puy-de-Dôme | 982. |
| Buchet | Thiers | Idem | 983. |
| Brasset | Idem | Idem | 984. |
| Bordal et Barre | Idem | Idem | 985. |
| Marquet | Idem | Idem | 986. |
| Chervet et Vacher | Idem | Idem | 987. |
| Taillandier | Idem | Idem | 988. |
| Jacquiton-Brunel | Idem | Idem | 989. |
| Taillandier-Gilbert | Idem | Idem | 990. |
| Perret-Vacherias | Idem | Idem | 991. |
| Gouvé | Caen | Calvados | 992. |
| Briant (Gilbert) | Châtellerault | Vienne | 993. |
| Pein | Châlons | Marne | 994. |
| Lemaire (Etienne) | Châtellerault | Vienne | 995. |

| NOMS DES FABRICANS. | RÉSIDENCES. | DÉPARTEMENS. | N.os du catalog. |
|---|---|---|---|
| **MM.** | | | |
| Piault-Brault | Châtellerault | Vienne | 996. |
| Frestel | Saint-Lô | Manche | 997. |
| Briant-Talon | Châtellerault | Vienne | 998. |
| Parent fils | Idem | Idem | 999. |
| Parent père | Idem | Idem | 1000. |
| Gauvin-Monnet | Idem | Idem | 1001. |
| Daillier (Charles) | Idem | Idem | 1002. |
| Huau | Idem | Idem | 1003. |
| Couleaux frères | Klingenthal | Bas-Rhin | 1004. |
| Pradier | Versailles | Seine-et-Oise | 1005. |
| Guerre | Langres | Haute-Marne | 1006. |
| E. Degrand | Marseille | B.-du-Rhône | 1007. |
| Populus Belin | Langres | Haute-Marne | 1008. |
| Jullien | Bourges | Cher | 1009. |
| Néel | Saint-Lô | Manche | 1010. |
| Pradier oncle | Versailles | Seine-et-Oise | 1608. |

### SERRURIE.

| NOMS DES FABRICANS. | RÉSIDENCES. | DÉPARTEMENS. | N.os du catalog. |
|---|---|---|---|
| Huret | Paris | Seine | 1011. |
| Nante | Idem | Idem | 1012. |
| Mathé | Idem | Idem | 1013. |
| Rivery le Soille | Vonicourt | Somme | 1014. |
| Georget | Paris | Seine | 1015. |
| Olive | Idem | Idem | 1623. |

### OUTILS DIVERS.

| NOMS DES FABRICANS. | RÉSIDENCES. | DÉPARTEMENS. | N.os du catalog. |
|---|---|---|---|
| Gohin | Paris | Seine | 1016. |
| Henraux jeune | Idem | Idem | 1017. |
| Bingant aîné | Idem | Idem | 1018. |
| D'Herbecourt | Idem | Idem | 1019. |
| Le duc de la Rochefoucauld | Liancourt | Oise | 1020. |
| Viou | Tours | Indre-et-Loire | 1021. |
| Simorre | Toulouse | Haute-Garonne | 1022. |
| Corbillié | Évreux | Eure | 1023. |
| Desfriches et fils | Lisieux | Calvados | 1024. |
| Levailleux | Douai | Nord | 1025. |
| Le baron de Gency | Meulan | Seine-et-Oise | 1026. |
| Serives frères | Lille | Nord | 1027. |
| Omouon | Ivetot | Seine-Inférieure | 1028. |
| Peugeot frères | Hérimoncourt | Doubs | 1029. |
| Jacques-Nicolas Thomas | Ivetot | Seine-Inférieure | 1030. |

| NOMS DES FABRICANS. | RÉSIDENCES. | DÉPARTEMENS. | N.<sup>os</sup> du catalog. |
|---|---|---|---|
| MM. | | | |
| Journée | Rouen | Idem | 1031. |
| Noury | Idem | Idem | 1032. |
| Alméras fils aîné | Lyon | Rhône | 1033. |
| Blondeau frères | Saint-Hippolyte | Doubs | 1034. |
| Lambert et Martin | Paris | Seine | 1035. |
| Calla | Idem | Idem | 1036. |
| Odobel | Idem | Idem | 1631. |

### FABRICATION DES ARMES.

### ARMES À FEU.

| NOMS DES FABRICANS. | RÉSIDENCES. | DÉPARTEMENS. | N.<sup>os</sup> du catalog. |
|---|---|---|---|
| Cailloux | Paris | Seine | 1037. |
| Roux | Idem | Idem | 1038. |
| Prelat | Idem | Idem | 1039. |
| Lavoignin | Idem | Idem | 1040. |
| Manufacture royale | Tulle | Corrèze | 1041. |
| Latura père et fils | Lons-le-Saulnier | Jura | 1042. |
| Lamothe | Saint-Étienne | Loire | 1043. |
| Cessier | Idem | Idem | 1044. |
| Couleaux frères | Klingenthal | Bas-Rhin | 1045. |
| Boggio (Marcellin) | Saint-Étienne | Loire | 1046. |

### MÉCANIQUE.

| NOMS DES FABRICANS. | RÉSIDENCES. | DÉPARTEMENS. | N.<sup>os</sup> du catalog. |
|---|---|---|---|
| Dupré | Paris | Seine | 1047. |
| Barbier | Idem | Idem | 1048. |
| Bingant aîné | Idem | Idem | 1049. |
| Bourla et Mathieu | Idem | Idem | 1050. |
| Daujon | Idem | Idem | 1051. |
| Desquinemare | Idem | Idem | 1052. |
| " | " | Allier | 1053. |
| Thioulouse | " | Haute-Loire | 1054. |
| Philémon Sense | Rouen | Seine-Inférieure | 1055. |
| Constant Pécantin | Orléans | Loiret | 1056. |
| Noiret | Tours | Indre-et-Loire | 1057. |
| Guéroult | Cherbourg | Manche | 1058. |
| Chapuzet | Agen | Lot-et-Garonne | 1059. |
| Regnier | Paris | Seine | 1060. |
| Nicolas fils | Ancenis | Loire-Inférieure | 1061. |
| Le Gros | Paris | Seine | 1062. |

K

| NOMS DES FABRICANS. | RÉSIDENCES. | DÉPARTEMENS. | N.ᵒˢ du catalog. |
|---|---|---|---|
| MM. | | | |
| Dobot | Paris | Seine | 1063. |
| Auger | Idem | Idem | 1064. |
| D *** | Idem | Idem | 1065. |
| Champenois | Idem | Idem | 1066. |
| Sounck | Idem | Idem | 1067. |
| Castéra | Idem | Idem | 1068. |
| Penicaud | Limoges | Haute-Vienne | 1069. |
| Souffrant | Paris | Seine | 1070. |
| Collin et le baron de *Neuflisc* | Idem | Idem | 1071. |
| Derguy | Idem | Idem | 1072. |
| Murat | Idem | Idem | 1073. |
| Godin | Idem | Idem | 1074. |
| Vernon | Idem | Idem | 1075. |
| Montgolfier | Idem | Idem | 1076. |
| Raymond | Idem | Idem | 1077. |
| Launay | Idem | Idem | 1078. |
| Le baron *Cagniard de la Tour* | Idem | Idem | 1079. |
| Dacheux | Idem | Idem | 1080. |
| Porcher | Idem | Idem | 1081. |
| Caillon | Idem | Idem | 1625. |

### HORLOGERIE.

| NOMS DES FABRICANS. | RÉSIDENCES. | DÉPARTEMENS. | N.ᵒˢ du catalog. |
|---|---|---|---|
| Duchemin | Paris | Seine | 1082. |
| Berguiller | Idem | Idem | 1083. |
| Wagner | Idem | Idem | 1084. |
| Étienne | Idem | Idem | 1085. |
| Breguet | Idem | Idem | 1086. |
| Hartmann | Idem | Idem | 1087. |
| Berthoud frères | Idem | Idem | 1088. |
| Tissot | Idem | Idem | 1089. |
| Pecqueur | Idem | Idem | 1090. |
| Beurnier frères | Seloncourt | Doubs | 1091. |
| Mandeler et compagnie | Planche-les-Mines | Haute-Saone | 1092. |
| Paveret | Jussey | Idem | 1093. |
| Peugeot frères | Hérimoncourt | Doubs | 1094. |
| Mathey-Doret | Besançon | Idem | 1095. |
| Perron | Idem | Idem | 1096. |
| Pons | S.-Nicolas-d'Aliermont | Seine-Inférieure | 1097. |
| Destigny | Rouen | Idem | 1098. |
| Lepaute fils | Paris | Seine | 1099. |
| Bourdier | Idem | Idem | 1100. |
| Lenoir-Ravrio | Idem | Idem | 1101. |

| NOMS<br>DES FABRICANS. | RÉSIDENCES. | DÉPARTEMENS. | N.ᵒˢ du catalog. |
|---|---|---|---|

## MACHINES DIVERSES.

MM.

| NOMS DES FABRICANS. | RÉSIDENCES. | DÉPARTEMENS. | N.ᵒˢ du catalog. |
|---|---|---|---|
| Chemin. | Paris. | Seine. | 1102. |
| Duchemin. | Idem. | Idem. | 1103. |
| Hanin. | Idem. | Idem. | 1104. |
| Hoyan. | Idem. | Idem. | 1105. |
| Denuelle. | Idem. | Idem. | 1106. |
| Regnier. | Idem. | Idem. | 1107. |
| Rouy. | Idem. | Idem. | 1108. |
| Jambon. | Idem. | Idem. | 1109. |
| Poirson. | Idem. | Idem. | 1110. |
| Vincent Chevalier. | Idem. | Idem. | 1111. |
| Allizeau. | Idem. | Idem. | 1112. |
| Soleil. | Idem. | Idem. | 1113. |
| Cauchoix. | Idem. | Idem. | 1114. |
| Richer aîné. | Idem. | Idem. | 1115. |
| Richer père et fils. | Idem. | Idem. | 1116. |
| Hugot fils et Vebre. | Semur. | Côte-d'Or. | 1117. |
| Alexis Girard. | La Grand'Combe | Doubs. | 1118. |
| Desprez fils. | Monthermé. | Ardennes | 1119. |
| Viard. | Rouen. | Seine-Inférieure. | 1120. |
| Jecker. | Paris. | Seine. | 1121. |
| Lerebours. | Idem. | Idem. | 1122. |
| M.ᵐᵉ Hervieux, née Fontenay. | Idem. | Idem. | 1123. |
| Assier-Perricat. | Idem. | Idem. | 1124. |
| Collot. | Idem. | Idem. | 1125. |
| Delamarche et Dien. | Idem. | Idem. | 1126. |
| Langlois. | Idem. | Idem. | 1127. |
| Peschot. | Idem. | Idem. | 1128. |
| Treuttel et Wurtz. | Idem. | Idem. | 1129. |
| Hoyau. | Idem. | Idem. | 1130. |
| Ozil. | Idem. | Idem. | 1596. |
| Gailard. | Idem. | Idem. | 1606. |
| Burette. | Idem. | Idem. | 1607. |
| Haring. | Idem. | Idem. | 1621. |

## TYPOGRAPHIE.

| NOMS DES FABRICANS. | RÉSIDENCES. | DÉPARTEMENS. | N.ᵒˢ du catalog. |
|---|---|---|---|
| Éberhart. | Paris. | Seine. | 1131. |
| Henri Didot. | Idem. | Idem. | 1132. |
| Pierre Didot. | Idem. | Idem. | 1133. |
| Léger. | Idem. | Idem. | 1134. |

| NOMS DES FABRICANS. | RÉSIDENCES. | DÉPARTEMENS. | N.os du catalog. |
|---|---|---|---|
| MM. | | | |
| Molé | Paris | Seine | 1135. |
| Gillé | Idem | Idem | 1136. |
| Leblanc | Idem | Idem | 1137. |
| Argand | Idem | Idem | 1138. |
| H. Amelin-Bergeron | Idem | Idem | 1139. |
| Lecrêne | Caen | Calvados | 1140. |
| Thouvenin | Paris | Seine | 1141. |
| Simier | Idem | Idem | 1142. |
| Lesné | Idem | Idem | 1143. |
| Lunier-Bellier | Tours | Indre-et-Loire | 1144. |
| Horace Brunet | Lyon | Rhône | 1145. |
| Constantin | Nancy | Meurthe | 1146. |
| Périaux | Rouen | Seine-Inférieure | 1147. |
| Astruc | Paris | Seine | 1148. |
| Purgold | Idem | Idem | 1149. |
| Herhan | Idem | Idem | 1150. |

## CALCOGRAPHIE.

| NOMS DES FABRICANS. | RÉSIDENCES. | DÉPARTEMENS. | N.os du cataing. |
|---|---|---|---|
| Treuttel et Wurtz | Paris | Seine | 1151. |
| Thomson | Idem | Idem | 1152. |
| Duplat | Idem | Idem | 1153. |
| Madame Bougon | Idem | Idem | 1154. |
| Ponce | Idem | Idem | 1155. |
| Bougon fils | Idem | Idem | 1156. |
| Laurent (Henri) | Idem | Idem | 1157. |
| Deseve | Idem | Idem | 1158. |
| Gastel et compagnie | Idem | Idem | 1159. |
| Cornouaille | Idem | Idem | 1160. |
| Tréchard | Idem | Idem | 1161. |
| Redouté | Idem | Idem | 1162. |
| Hardy | Idem | Idem | 1163. |
| Lavallée et Reville | Idem | Idem | 1164. |
| Madame veuve Filhol | Idem | Idem | 1165. |
| Viollet Letort | Tours | Indre-et-Loire | 1166. |
| Dommenjon | Foix | Ariége | 1167. |
| Blard jeune | Paris | Seine | 1168. |

## LITHOGRAPHIE.

| NOMS DES FABRICANS. | RÉSIDENCES. | DÉPARTEMENS. | N.os du cataing. |
|---|---|---|---|
| Marlet | Paris | Seine | 1169. |
| Senefelder | Idem | Idem | 1170. |
| Engelmann | Mulhausen | Haut-Rhin | 1171. |
| Engelmann | Rue Louis-le-Grand, n.° 37 | | 1172. |

| NOMS DES FABRICANS. | RÉSIDENCES. | DÉPARTEMENS. | N.<sup>os</sup> du catalog. |
|---|---|---|---|
| MM. | | | |
| Baudry Duhamel............ | Rue | | 1173. |
| Simard.................... | Rue de la Barillerie, n.º 18...... | | 1174. |
| Boileau et Vincent......... | Rue S.t-Maur, F. du Temple, n.º 76. | | 1175. |
| Belloni................... | Rue | | 1176. |
| Straubharth.............. | Rue Girard-Boquet, n.º 2......... | | 1177. |
| Gallet................... | Rue Montorgueil, n.º 96......... | | 1178. |
| Lecomte.................. | Paris........... | Seine........... | 1604. |
| Motte................... | Idem........... | Idem........... | 1634. |
| Le comte de Lasteyrie....... | Idem........... | Idem,.......... | 1646. |

### VERRERIE.

### GLACES.

| | | | |
|---|---|---|---|
| Manufacture de........... | Saint-Quirin.... | Meurthe....... | 1179. |
| Idem.................. | Paris.......... | Seine.......... | 1180. |
| Lefebvre............... | Idem.......... | Idem.......... | 1181. |

### VERRES ET CRISTAUX.

| | | | |
|---|---|---|---|
| Manufacture de........... | Saint-Quirin.... | Meurthe....... | 1182. |
| Lecœur................. | Paris.......... | Seine.......... | 1183. |
| Gibbon................. | Idem.......... | Idem.......... | 1184. |
| Mad. Boisrichard, v.e Rémond... | Idem.......... | Idem.......... | 1185. |
| Luton.................. | Idem.......... | Idem.......... | 1186. |
| Manufac. royale du Mont-Cenis | Idem.......... | Idem.......... | 1187. |
| Delachinal, Hazard, Bethune, Dupère et compagnie. | Sars-Poterie..... | Nord......... | 1188. |
| Florion................. | La Vignette..... | Marne......... | 1189. |
| " | " | Aube.......... | 1190. |
| Desvignes............... | Paris.......... | Seine.......... | 1191. |
| Grimblot............... | Canette près le Luc | Var........... | 1192. |
| David.................. | Septmoncel..... | Jura.......... | 1193. |
| Cazin.................. | Hardinghem.... | Pas-de-Calais.... | 1194. |
| " | " | Var........... | 1195. |
| Bertholin et Restignac....... | Abreschwiller... | Meurthe....... | 1196. |
| Bella.................. | Plaine-de-Valcsh. | Idem.......... | 1197. |
| Boyer.................. | Thuison-lès-Abbeville... | Somme......... | 1198. |
| Deviolaine.............. | Prémontré...... | Aisne......... | 1199. |
| De Poilly.............. | Folambray..... | Idem.......... | 1200. |
| Verrerie de............. | Gœtzembruck... | Moselle....... | 1201. |
| Virgile de la Vigogne....... | Guerville...... | Seine-Inférieure, | 1202. |
| Levarlet Duval d'Aunay...... | Saint-Riquier.... | Idem.......... | 1203. |

| NOMS DES FABRICANS. | RÉSIDENCES. | DÉPARTEMENS. | N.<sup>os</sup> du catalog. |
|---|---|---|---|
| **MM.** | | | |
| Verrerie de.............. | Meysenthal..... | Moselle........ | 1204. |
| Le marquis *de Louvois*....... | Crussy........ | Yonne......... | 1205. |
| *Ragaine*............... | Tourouvre...... | Orne.......... | 1206. |
| Verrerie royale de........ | Saint-Louis.... | Moselle........ | 1207. |
| *Idem* de........ | Creutzwald.... | *Idem*......... | 1208. |
| Madame veuve *Desarnaud*.... | Paris......... | Seine......... | 1209. |
| *Philidor*.............. | *Idem*......... | *Idem*......... | 1210. |
| *Burqun-Schvérer* et compagnie. | Meysenthal..... | Moselle........ | 1211. |

### DORURE ET PEINTURE SUR VERRE.

| | | | |
|---|---|---|---|
| *Mortelàque*.... ......... | Paris......... | Seine......... | 1212. |
| *Felly*.............. | *Idem*......... | *Idem*......... | 1213. |

### ORFÉVRERIE.

| | | | |
|---|---|---|---|
| *Provent*.............. | Paris......... | Seine......... | 1214. |
| *Lecouffé* et *Baudin*......... | *Idem*......... | *Idem*......... | 1215. |
| *Lecomte*.............. | *Idem*......... | *Idem*......... | 1216. |
| *Beaugeois*.............. | *Idem*......... | *Idem*......... | 1217. |
| *Buisson*.............. | *Idem*......... | *Idem*......... | 1218. |
| *Mention*.............. | *Idem*......... | *Idem*......... | 1219. |
| *Paris*.............. | *Idem*......... | *Idem*......... | 1220. |
| *Firmin*.............. | *Idem*......... | *Idem*......... | 1221. |
| *Bourguignon*.............. | *Idem*......... | *Idem*......... | 1222. |
| *Cahier*.............. | *Idem*......... | *Idem*......... | 1223. |
| Manufacture de coraux de S. A. R. *Madame*. | *Idem*......... | *Idem*......... | 1224. |
| *Biennais*.............. | *Idem*......... | *Idem*......... | 1225. |
| *Fauconnier*.............. | *Idem*......... | *Idem*......... | 1226. |
| *Odiot*.............. | *Idem*......... | *Idem*......... | 1227. |
| *Monfrère*.............. | *Idem*......... | *Idem*......... | 1602. |

### POTERIE.

---

### PORCELAINES.

| | | | |
|---|---|---|---|
| *Bodson*.............. | Paris......... | Seine......... | 1228. |
| *Bernard*.............. | *Idem*......... | *Idem*......... | 1229. |
| *Gonord*.............. | *Idem*......... | *Idem*......... | 1230. |
| *Cadet-Devaux* et *Denuelle*..... | *Idem*......... | *Idem*......... | 1231. |
| *Spooner*.............. | *Idem*......... | *Idem*......... | 1232. |

| NOMS DES FABRICANS. | RÉSIDENCES. | DÉPARTEMENS. | N.os du catalog. |
|---|---|---|---|
| MM. | | | |
| Desprez | Paris | Seine | 1233. |
| Schœlcher | Idem | Idem | 1234. |
| Nast frères | Idem | Idem | 1235. |
| Alluaud | Limoges | Haute-Vienne | 1236. |
| Joachim Langlois | Bayeux | Calvados | 1237. |
| Taraud | Limoges | Haute-Vienne | 1238. |
| Mouchard | Angoulême | Charente | 1239. |
| Lanfreeg | Niderwiller | Meurthe | 1240. |
| Burguin | Lurey-Lévy | Allier | 1241. |
| Date frères | Paris | Seine | 1242. |
| Madame veuve Lallouette | Idem | Idem | 1243. |
| Dagoty et Honoré | Idem | Idem | 1244. |
| Fremont | // | // | 1245. |
| Leclere | Paris | Seine | 1246. |
| Froment | Idem | Idem | 1247. |
| Legost | Idem | Idem | 1248. |
| Dihl | Idem | Idem | 1249. |
| Girard | Idem | Idem | 1250. |

TERRE CUITE.

| NOMS DES FABRICANS. | RÉSIDENCES. | DÉPARTEMENS. | N.os du catalog. |
|---|---|---|---|
| Dailly | Paris | Seine | 1251. |
| Ficlet | Saint-Omer | Pas-de-Calais | 1252. |
| Mollerat | Dijon | Côte-d'Or | 1253. |
| Delamettairie et compagnie | Rouen | Seine-Inférieure | 1254. |
| Jullien | Orléans | Loiret | 1255. |
| Lanjorois | Charolles | Saône-et-Loire | 1256. |
| François l'Herminier | Fossé près Forges | Seine-Inférieure | 1257. |
| Esneu | Gers | Manche | 1258. |
| Philippe Behr | Givet | Ardennes | 1259. |
| Billing | // | // | 1260. |

FAÏENCES.

| NOMS DES FABRICANS. | RÉSIDENCES. | DÉPARTEMENS. | N.os du catalog. |
|---|---|---|---|
| De Saint-Cricq-Cazeaux | Creil | Oise | 1261. |
| Enfert | // | Nièvre | 1262. |
| Dubois père et fils | // | Idem | 1263. |
| Langlois (Joachim) | Bayeux | Calvados | 1264. |
| Mouchard | Angoulême | Charente | 1265. |
| Ambruster | Lunéville | Meurthe | 1266. |
| Keller | Idem | Idem | 1267. |
| Grandmongin | Idem | Idem | 1268. |
| Loyal | Tours | Indre-et-Loire | 1269. |

| NOMS DES FABRICANS. | RÉSIDENCES. | DÉPARTEMENS. | N.os du catalog. |
|---|---|---|---|
| **MM.** | | | |
| Massé-Dubois............. | Tours......... | Indre-et-Loire... | 1270 |
| Durand................... | Idem........... | Idem.......... | 1271. |
| Deguelle................. | Idem........... | Idem.......... | 1272. |
| Guillemot-Epron......... | Idem........... | Idem.......... | 1273. |
| Barrat................... | Idem........... | Iaem.......... | 1274. |
| Fouques................. | Toulouse...... | Haute-Garonne.. | 1275. |
| Dubois.................. | Lurey-Lévy..... | Allier........ | 1276. |
| De Saint-Cricq-Cazeaux...... | Montereau-faut-Yonne | Seine-et-Marne.. | 1277. |
| Destrès et Dammann...... | Forges......... | Seine-Inférieure. | 1278. |
| Pape.................... | Aumale........ | Idem.......... | 1279. |
| Fabry et Utschneider....... | Sarguemines.... | Moselle........ | 1280. |
| Fiolet.................. | Saint-Omer..... | Pas-de-Calais... | 1281. |
| Lanjoveis............... | Charolles....... | Saone-et-Loire... | 1282. |
| Laurent Gilbert......... | Orléans........ | Loiret......... | 1283. |
| Révol.................. | Lyon.......... | Rhône......... | 1284. |
| Giraud................. | Marseille...... | Bouch.-du-Rhône. | 1285. |
| Hazard-Mirault......... | Rue Sainte-Apolline, n.º 2....... | | 1286. |
| Desjardins............. | Boulevart du Temple, n.º 33..... | | 1287. |
| Lelong................. | Rue des Colonnes, n.º 12........ | | 1288. |

## BRONZES CISELÉS.

| NOMS DES FABRICANS. | RÉSIDENCES. | DÉPARTEMENS. | N.os du catalog. |
|---|---|---|---|
| Hirtz.................. | Paris......... | Seine......... | 1289. |
| Dénières et Matelin........ | Rue Vivienne, n.º 15.......... | | 1290. |
| Hadrot................. | Rue des Fossés-Montmartre, n.º 14. | | 1291. |
| Jaime.................. | Rue Frépillon, n.º 22.......... | | 1292. |
| Galle.................. | Paris......... | Seine......... | 1293. |
| Bugnot................. | Rue de la Perle, n.º 14......... | | 1294. |
| Mad. Boisrichard, v.e Rémond.. | Rue Neuve-d'Orléans, n.º 20...... | | 1295. |
| Gilbert................. | Rue du Croissant, n.º 9........ | | 1296. |
| Lenoir-Ravrio........... | Rue des Filles Saint-Thomas, n.º 19. | | 1297. |
| Lenoir-Ravrio........... | Idem........... | Idem.......... | 1298, |
| Ledure................. | Paris......... | Seine......... | 1299. |
| Thomire................ | Idem........... | Idem.......... | 1300. |

## ÉBÉNISTERIE.

| NOMS DES FABRICANS. | RÉSIDENCES. | DÉPARTEMENS. | N.os du catalog. |
|---|---|---|---|
| Rémond................ | Paris......... | Seine......... | 1301. |
| Frichot................ | Idem.......... | Idem......... | 1302. |
| Dénières et Matelin........ | Idem.......... | Idem......... | 1303. |
| Desmarets.............. | Idem.......... | Idem......... | 1304. |

| NOMS DES FABRICANS. | RÉSIDENCES. | DÉPARTEMENS. | N.os du catalog. |
|---|---|---|---|
| **MM.** | | | |
| Maire......................... | Paris............... | Seine............... | 1305. |
| Chanon et compagnie......... | Idem............... | Idem............... | 1306. |
| Le marquis de Paroy.......... | Idem............... | Idem............... | 1307. |
| Lefèvre....................... | Idem............... | Idem............... | 1308. |
| Haeks........................ | Idem............... | Idem............... | 1309. |
| Andelle....................... | Idem............... | Idem............... | 1310. |
| Rascalon...................... | Idem............... | Idem............... | 1311. |
| Williams Smith............... | Idem............... | Idem............... | 1312. |
| Cardinet...................... | Idem............... | Idem............... | 1313. |
| Sagstête...................... | Limoges.......... | Haute-Vienne.... | 1314. |
| Bray.......................... | Verdun........... | Meuse............. | 1315. |
| Puteaux....................... | Paris............... | Seine............... | 1316. |
| Werner....................... | Idem............... | Idem............... | 1317. |
| Jacob Desmalter.............. | Idem............... | Idem............... | 1318. |
| Duval......................... | Idem............... | Idem............... | 1319. |
| Vils........................... | Idem............... | Idem............... | 1320. |
| Mademoiselle Zentler.......... | Lyon.............. | Rhône............. | 1321. |
| Burette....................... | Paris............... | Seine............... | 1609. |

### TABLETTERIE ET ORNEMENS.

| NOMS DES FABRICANS. | RÉSIDENCES. | DÉPARTEMENS. | N.os du catalog. |
|---|---|---|---|
| Ménager...................... | Paris............... | Seine............... | 1322. |
| Garncrey..................... | Idem............... | Idem............... | 1323. |
| Fieri.......................... | Idem............... | Idem............... | 1324. |
| Colleta........................ | Idem............... | Idem............... | 1325. |
| Defrance...................... | Idem............... | Idem............... | 1326. |
| Charpentier................... | Idem............... | Idem............... | 1327. |
| Dufour........................ | Idem............... | Idem............... | 1328. |
| Chéron........................ | Idem............... | Idem............... | 1329. |
| Hue........................... | Idem............... | Idem............... | 1330. |
| Souillard...................... | Idem............... | Item............... | 1331. |
| Moulin-Dufresne.............. | Vire.............. | Calvados.......... | 1332. |
| David......................... | Méru............. | Oise............... | 1333. |
| Madame veuve Troyon......... | Sèvres............ | Seine-et-Oise.... | 1334. |
| Prévost........................ | Rouen............ | Seine-Inférieure.. | 1335. |
| Witz.......................... | Mulhausen....... | Haut-Rhin........ | 1336. |
| Th. Viviés et fils............. | Sainte - Colombe-sur-l'Hers. | Aude............... | 1337. |
| Roujas-Raimond.............. | Mas-d'Azil...... | Ariége............. | 1338. |
| Boulon père et fils........... | Bastide-sur-l'Hers. | Idem............... | 1339. |
| Bergès........................ | Idem............... | Idem............... | 1340. |

| NOMS DES FABRICANS. | RÉSIDENCES. | DÉPARTEMENS. | N.° du catalog. |
|---|---|---|---|
| MM. | | | |
| Escot-Palauque............... | Bastide-sur-l'Hers. | Ariége............ | 1341. |
| Le chevalier *Beunat*......... | Sarrebourg...... | Meurthe........ | 1342. |
| *Renault*.................... | Paris.......... | Seine.......... | 1343. |
| *Bellant* cadet............... | Toulouse........ | Haute-Garonne.. | 1344. |
| *Talon*..................... | Paris.......... | Seine.......... | 1632. |
| *Beunat*.................... | Sarrebourg...... | Meurthe........ | 1647. |

### INSTRUMENS DE MUSIQUE.

| NOMS DES FABRICANS. | RÉSIDENCES. | DÉPARTEMENS. | N.° du catalog. |
|---|---|---|---|
| *Becklers*................... | Paris.......... | Seine.......... | 1345. |
| *Millan*.................... | Idem.......... | Idem.......... | 1346. |
| *Chanot*................... | Idem.......... | Idem.......... | 1347. |
| *Boilleau*.................. | Idem.......... | Idem.......... | 1348. |
| *L mmé*................... | Idem.......... | Idem.......... | 1349. |
| *Pienne*................... | Idem.......... | Idem.......... | 1350. |
| *Moulet*................... | Idem.......... | Idem.......... | 1351. |
| *Cousineau*................. | Idem.......... | Idem.......... | 1352. |
| *Schmidt*.................. | Idem.......... | Idem.......... | 1353. |
| *Paëot*.................... | Mirecourt...... | Vosges........ | 1354. |
| *Breton*................... | Idem.......... | Idem.......... | 1355. |
| *Nicolas*................... | Idem.......... | Idem.......... | 1356. |
| *André Savaresse*............ | Tours......... | Indre-et-Loire... | 1357. |
| *Évrard* frères............. | Paris.......... | Seine.......... | 1358. |
| *Labbaye* fils.............. | Idem.......... | Idem.......... | 1359. |
| *Delaborne*................ | Idem.......... | Idem.......... | 1360. |

### ARTS ET PRODUITS CHIMIQUES.

#### ALUN.

| NOMS DES FABRICANS. | RÉSIDENCES. | DÉPARTEMENS. | N.° du catalog. |
|---|---|---|---|
| *Rabinel*................... | Marseille....... | Bouch.-du-Rhône | 1361. |
| *Delpech*.................. | Mas-d'Azil...... | Ariége......... | 1362. |
| *Moreau d'Olibon*, baron de la Rochette. | Urcel.......... | Aisne.......... | 1363. |

#### MINIUM.

| NOMS DES FABRICANS. | RÉSIDENCES. | DÉPARTEMENS. | N.° du catalog. |
|---|---|---|---|
| *Pecard*................... | Tours......... | Indre-et-Loire... | 1364. |
| *Pecard*................... | Idem.......... | Idem.......... | 1365. |
| *Roard*.................... | Clichy......... | Seine.......... | 1366. |

#### SULFATE DE FER.

| NOMS DES FABRICANS. | RÉSIDENCES. | DÉPARTEMENS. | N.° du catalog. |
|---|---|---|---|
| *Gabriel Desables*............ | Vaux de Tallerende. | Calvados........ | 1367. |
| *Gaillard de Saint-Germain*.... | Becquey-S.t-Paul. | Oise........... | 1368. |

| NOMS DES FABRICANS. | RÉSIDENCES. | DÉPARTEMENS. | N.os du catalog. |
|---|---|---|---|
| **MM.** | | | |
| *Berthe* | Honfleur | Calvados | 1369. |
| *Bérard* | Montpellier | Hérault | 1370. |
| *Manufacture de* | Chaillevet | Aisne | 1371. |
| *Dubuc jeune* | Rouen | Seine-Inférieure | 1372. |
| *Dupré fils* | Forges | *Idem* | 1373. |

### SOUDE.

| NOMS DES FABRICANS. | RÉSIDENCES. | DÉPARTEMENS. | N.os du catalog. |
|---|---|---|---|
| *Plusieurs Fabricans* | Marseille | Bouch.-du-Rhône | 1374. |
| *Bérard* | *Idem* | *Idem* | 1375. |
| *Quinon et compagnie* | *Idem* | *Idem* | 1376. |
| *Couturier* | Cherbourg | Manche | 1377. |
| *Chervau* | Conternon | Côte-d'Or | 1378. |

### COLLE-FORTE.

| NOMS DES FABRICANS. | RÉSIDENCES. | DÉPARTEMENS. | N.os du catalog. |
|---|---|---|---|
| *Seigneuret (Augustin)* | Marseille | Bouch.-du-Rhône | 1379. |
| *Clausel (Pierre)* | Saint-Hippolyte | Gard | 1380. |
| *Mignot et Piquefeu* | Pont-Audemer | Eure | 1381. |
| *Bataille* | Saint-Léger près Rouen | Seine-Inférieure | 1382. |
| *Bertoux* | Saint-Sens | *Idem* | 1383. |
| *Estivant de Brau* | Givet | Ardennes | 1384. |
| *Estivant* | *Idem* | *Idem* | 1385. |

### ACIDES PYROLIGNEUX, &c.

| NOMS DES FABRICANS. | RÉSIDENCES. | DÉPARTEMENS. | N.os du catalog. |
|---|---|---|---|
| *Livon aîné* | Marseille | Bouch.-du-Rhône | 1386. |
| *Gauthier (Michel)* | " | *Idem* | 1387. |
| *Jacob* | " | *Idem* | 1388. |
| *Porry (François-Augustin)* | Marseille | *Idem* | 1389. |
| *Bougon et Piel-Desraisseaux* | Sotteville-lès Rouen | Seine-Inférieure | 1390. |
| *Gessart* | Rouen | *Idem* | 1391. |
| *Chaptal fils, Darcet et Kolker* | Paris | Seine | 1392. |
| *Rey* | *Idem* | *Idem* | 1393. |
| *Malétra* | Rouen | Seine-Inférieure | 1394. |
| *Mollerat* | Pouilly | Côte-d'Or | 1395. |

### COULEURS.

| NOMS DES FABRICANS. | RÉSIDENCES. | DÉPARTEMENS. | N.os du catalog. |
|---|---|---|---|
| *Desmoulins* | Paris | Seine | 1396. |
| *Ferlier* | *Idem* | *Idem* | 1397. |
| *Didier* | *Idem* | *Idem* | 1398. |
| *Gonin* | *Idem* | *Idem* | 1399. |

| NOMS DES FABRICANS. | RÉSIDENCES. | DÉPARTEMENS. | N.ᵒˢ du catalog. |
|---|---|---|---|
| MM. | | | |
| James Colcomb | Paris | Seine | 1400. |
| Gohin | Idem | Idem | 1401. |
| Drouet | Idem | Idem | 1402. |
| Madame Cosseron | Idem | Idem | 1403. |
| Delunel | Idem | Idem | 1404. |
| Bergeron | Idem | Idem | 1405. |
| Géant | Idem | Idem | 1406. |
| Vielh de Varennes | Idem | Idem | 1407. |
| Singewalt | | Bas-Rhin | 1408. |
| Roard | Clichy | Seine | 1409. |
| **CRAYONS.** | | | |
| Humblot-Conté | Paris | Seine | 1410. |
| Dufresne | Idem | Idem | 1411. |
| Chaix | Briançon | Hautes-Alpes | 1412. |
| **OBJETS DIVERS.** | | | |
| Graff frères | Paris | Seine | 1413. |
| Thibaut | Idem | Idem | 1414. |
| Bobée | Idem | Idem | 1415. |
| Julien | Idem | Idem | 1416. |
| Payen et Pluvinet | Idem | Idem | 1417. |
| Mad. v.ᵉ Lenglet et Frémicourt | Valenciennes | Nord | 1418. |
| Milliau fils | Marseille | Bouch.-du-Rhône | 1419. |
| Roquefort (Antoine) | Idem | Idem | 1420. |
| Payen et compagnie | Idem | Idem | 1421. |
| Nègre (Joseph) | Idem | Idem | 1422. |
| Livon aîné | Idem | Idem | 1423. |
| Hamelin et Letarouilly | Rennes | Ille-et-Vilaine | 1424. |
| Mollot | Chaumont | Haute-Marne | 1425. |
| Orry | Le Mans | Sarthe | 1426. |
| Sainte | Gournay | Seine-Inférieure | 1427. |
| Delamarre | Rouen | Idem | 1428. |
| Pouget | Montpellier | Hérault | 1429. |
| Imbault | Orléans | Loiret | 1430. |
| Daujon | Caen | Calvados | 1431. |
| Vocrin | Nancy | Meurthe | 1432. |
| Foblant | Dieuze | Idem | 1433. |
| Rouquès | Albi | Tarn | 1434. |
| Gazeran | Lebreton | Allier | 1435. |
| Milliet-Choquet | Moulins | Idem | 1436. |

| NOMS DES FABRICANS. | RÉSIDENCES. | DÉPARTEMENS. | N.º du catalog. |
|---|---|---|---|
| MM. | | | |
| *ll* | *ll* | Seine-Inférieure.. | 1437. |
| *Fournier* | Nîmes | Gard | 1438. |
| *Peumortin-Boggio* | Saint-Ltienne | Loire | 1439. |
| *Dubuc* jeune | Rouen | Seine-Inférieure.. | 1440. |
| *Maze.* | Eauplet | *Idem* | 1441. |
| *Robert.* | Paris | Seine | 1442. |

## APPAREILS DE COMBUSTION ET D'ÉCONOMIE DOMESTIQUE.

### APPAREILS D'ÉCONOMIE DOMESTIQUE.

| | | | |
|---|---|---|---|
| *Decœur.* | Paris | Seine | 1443. |
| *Néga-sek.* | *Idem* | *Idem* | 1444. |
| *Chemin.* | *Idem* | *Idem* | 1445. |
| *Ducommun* | *Idem* | *Idem* | 1446. |
| *Donat* et compagnie | *Idem* | *Idem* | 1447. |

### APPAREILS DE DISTILLATION.

| | | | |
|---|---|---|---|
| *Devosne.* | Paris | Seine | 1448. |
| *Ozil.* | *Idem* | *Idem* | 1596. |

### CHAUFFAGE.

| | | | |
|---|---|---|---|
| *Harel.* | Paris | Seine | 1449. |
| *Kiel.* | *Idem* | *Idem* | 1450. |
| *Bigel* | *Idem* | *Idem* | 1451. |
| *Bruine* | *Idem* | *Idem* | 1452. |
| *Jacquinet.* | *Idem* | *Idem* | 1453. |
| *Hoefinger.* | Bordeaux | Gironde | 1454. |
| *Delafontaine.* | Douay | Nord | 1455. |
| *Gilbert.* | Paris | Seine | 1456. |
| *Hérisson.* | Rouen | Seine-Inférieure.. | 1457. |
| *Anastasie.* | Paris | Seine | 1458. |

## FERBLANTERIE, LUSTRERIE.

### ÉCLAIRAGE.

| | | | |
|---|---|---|---|
| *Denières* et *Matelin* | Paris | Seine | 1459. |
| *Caron* | *Idem* | *Idem* | 1460. |
| *Vatien* | *Idem* | *Idem* | 1461. |

| NOMS DES FABRICANS. | RÉSIDENCES. | DÉPARTEMENS. | N.ºˢ du catalog. |
|---|---|---|---|
| **MM.** | | | |
| Rouyer | Paris | Seine | 1462 |
| Bordier-Marcet | Idem | Idem | 1463 |
| Gagneau et Brunet | Idem | Idem | 1464 |
| Gabry | Liancourt | Oise | 1465 |
| Allard | Paris | Seine | 1466 |
| Le chevalier Lorimier | Idem | Idem | 1467 |
| Garnier | Idem | Idem | 1605 |

### INSTRUMENS ARATOIRES.

| NOMS DES FABRICANS. | RÉSIDENCES. | DÉPARTEMENS. | N.ºˢ du catalog. |
|---|---|---|---|
| Lombard | " | " | 1468 |
| Désormes | Rue du Roi de Sicile, n.º 17 | | 1469 |
| Guillaume | Rue | | 1470 |
| Molard | " | " | 1471 |
| Lespinasse | Lurey-Lévy | Allier | 1472 |
| Jean Moussé | Chéby-l'Abbaye | Aisne | 1473 |
| Mourgue | Bonneval | Somme | 1474 |
| Aphaud | Rochebrune | Hautes-Alpes | 1475 |
| Paul Hanin | Saint-Romain | Seine-Inférieure | 1476 |
| Tissot jeune | Rue du Faubourg Montmartre, n.º 6 | | 1477 |

### SUBSTANCES ALIMENTAIRES.

| NOMS DES FABRICANS. | RÉSIDENCES. | DÉPARTEMENS. | N.ºˢ du catalog. |
|---|---|---|---|
| Clément | Paris | Seine | 1478 |
| Géenen | Idem | Idem | 1479 |
| Régnault de la Montoison | Idem | Idem | 1480 |
| S. B. V. | Idem | Idem | 1481 |
| Chochina | Idem | Idem | 1482 |
| Millot | Idem | Idem | 1483 |
| De Bauve | Idem | Idem | 1484 |
| Regnier | Idem | Idem | 1485 |
| Leguière et compagnie | Idem | Idem | 1486 |
| Mestrand | Bussière-Lagrene | Allier | 1487 |
| Arnac père et fils | Montauban | Tarn-et-Garonne | 1488 |
| Arnal frères | Moissac | Idem | 1489 |
| Delbreil | Saint-Pierre | Idem | 1490 |
| Dezaunay | Nantes | Loire-Inférieure | 1491 |
| Leneuf de Neuville | Caen | Calvados | 1492 |
| Bernier | Roville | Meurthe | 1493 |
| Quinton | Bordeaux | Gironde | 1494 |
| Dumarsay | Neuilly | Calvados | 1495 |
| Jules Desfrancs | Orléans | Loiret | 1496 |

| NOMS DES FABRICANS. | RÉSIDENCES. | DÉPARTEMENS. | N.º du catalog. |
|---|---|---|---|
| **MM.** | | | |
| Crignon de Montigny......... | Orléans......... | Loiret............ | 1497. |
| De la Nouvelle............. | Châteauneuf.... | Idem............ | 1498. |
| Crespel de Lisse........... | Arras.......... | Pas-de-Calais.... | 1499. |
| Grenet-Pelé.............. | Tourny........ | Eure-et-Loir.... | 1500. |
| André................ | Pont-à-Mousson.. | Meurthe........ | 1501. |
| Maguin.............. | Idem.......... | Idem.......... | 1502. |
| Masson (André)........... | Idem.......... | Idem.......... | 1503. |
| Badin-Bourdon........... | Orléans........ | Loiret........ | 1504. |
| Degouvernain............ | Dijon.......... | Côte-d'Or....... | 1505. |
| Privat................ | Metz.......... | Hérault........ | 1506. |
| Legrand.............. | Saint-Omer.... | Pas-de-Calais.... | 1507. |
| Fasquel.............. | Idem.......... | Idem.......... | 1508. |
| Fargeon.............. | Grasse........ | Var.......... | 1509. |
| Mathieu.............. | Nancy........ | Meurthe........ | 1510. |
| André et Marmod......... | Pont-à-Mousson.. | Idem........ | 1511. |
| Robert............... | Paris.......... | Seine.......... | 1512. |
| Auger............... | Idem.......... | Idem.......... | 1513. |
| Leray de Chaumont......... | Chaumont-s.-L.re | Loir-et-Cher.... | 1626. |

## ESSENCES ET PARFUMS.

| NOMS DES FABRICANS. | RÉSIDENCES. | DÉPARTEMENS. | N.º du catalog. |
|---|---|---|---|
| R'ban................ | Montpellier..... | Hérault........ | 1514. |
| Fargeon.............. | Grasse........ | Var.......... | 1515. |
| Mademoiselle Chaumeton..... | Paris.......... | Seine.......... | 1516. |
| Roélant.............. | Idem.......... | Idem.......... | 1517. |
| Liautaud............. | Idem.......... | Idem.......... | 1518. |
| Lepage.............. | Idem.......... | Idem.......... | 1519. |
| Crozet.............. | Idem.......... | Idem.......... | 1520. |
| Geslin.............. | Idem.......... | Idem.......... | 1600. |

## MINÉRAUX.

| NOMS DES FABRICANS. | RÉSIDENCES. | DÉPARTEMENS. | N.º du catalog. |
|---|---|---|---|
| Gozzoli.............. | Paris.......... | Seine.......... | 1521. |
| Prost............... | Lyon.......... | Rhône.......... | 1522. |
| Valin père et fils....... | Paris.......... | Seine.......... | 1523. |
| David.............. | Idem.......... | Idem.......... | 1524. |
| Marbrerie de.......... | Saint-Amour.... | Jura.......... | 1525. |
| Serres.............. | Embrun........ | Hautes-Alpes.... | 1526. |
| Carrières de l'arrondissem.t de | Boulogne....... | Pas-de-Calais.... | 1527. |
| Layerle-Capel........... | Toulouse....... | Haute-Garonne.. | 1528. |

| NOMS<br>DES FABRIÇANS. | RÉSIDENCES. | DÉPARTEMENS. | N.<sup>os</sup> du catalog. |
|---|---|---|---|

| NOMS DES FABRIÇANS. | RÉSIDENCES. | DÉPARTEMENS. | N.ᵒˢ du catalog. |
|---|---|---|---|
| **MM.** | | | |
| Échantillons de marbres des départemens de.... | | Aude........... Ariége......... Lot........... Rhône........ Hautes-Pyrénées. | 1529. |
| Lefroy................ | Paris.......... | Seine........... | 1530. |
| Carrières de l'arrondissem.ᵗ de | Boulogne....... | Pas-de-Calais.... | 1594. |
| Carrières des............. | | Pyrénées........ | 1595. |

OBJETS DIVERS.

| NOMS DES FABRIÇANS. | RÉSIDENCES. | DÉPARTEMENS. | N.ᵒˢ du catalog. |
|---|---|---|---|
| Donault-Wieland........... | Paris.......... | Seine........... | 1531. |
| Boucher................. | Idem.......... | Idem........... | 1532. |
| Dufort................. | Idem.......... | Idem........... | 1533. |
| Grimoult............... | Idem.......... | Idem........... | 1534. |
| Madame Berger.......... | Idem.......... | Idem........... | 1535. |
| Tellier................ | Idem.......... | Idem........... | 1536. |
| Allix.................. | Idem.......... | Idem........... | 1537. |
| Charrier............... | Idem.......... | Idem........... | 1538. |
| Delande............... | Idem.......... | Idem........... | 1539. |
| Champion.............. | Idem.......... | Idem........... | 1540. |
| Gateaux............... | Idem.......... | Idem........... | 1541. |
| Guillemin.............. | Idem.......... | Idem........... | 1542. |
| Mademoiselle Thibierge...... | Idem.......... | Idem........... | 1543. |
| Dejernon............... | Idem.......... | Idem........... | 1544. |
| Chabanues............. | Idem.......... | Idem........... | 1545. |
| Lez................... | Idem.......... | Idem........... | 1546. |
| Maheut-Romain.......... | Saint-Silvain.... | Calvados........ | 1547. |
| Kresz................. | Paris.......... | Seine........... | 1548. |
| Colombat.............. | Idem.......... | Idem........... | 1549. |
| Madame veuve Coulon...... | Idem.......... | Idem........... | 1610. |
| Chatelain et compagnie..... | Idem.......... | Idem........... | 1550. |
| Lebel................. | Idem.......... | Idem........... | 1551. |
| Verzy................. | Idem.......... | Idem........... | 1552. |
| Dupeyré............... | Bordeaux....... | Gironde........ | 1553. |
| " | Ban-de-la-Roche. | Vosges......... | 1554. |
| Verdavenne............. | Valenciennes.... | Nord.......... | 1555. |
| Givaudan.............. | Saint-Omer..... | Pas-de-Calais... | 1556. |
| Jacques Brunel.......... | Mende......... | Lozère........ | 1557. |
| Leroy................. | Versailles....... | Seine-et-Oise.... | 1558. |
| Maupassant de Rancy........ | Paris.......... | Seine........... | 1559. |

| NOMS DES FABRICANS. | RÉSIDENCES. | DÉPARTEMENS. | N.º du catalo |
|---|---|---|---|
| **MM.** | | | |
| Tissus fabriqués par les naturels de Madagascar avec les fibres d'une plante nommée *Raffia* .......... | " | " | 156 |
| Bouvier .......... | Paris .......... | Seine .......... | 156 |
| Delatouche .......... | Idem .......... | Idem .......... | 156 |
| Valleaus .......... | Idem .......... | Idem .......... | 156 |
| Sauzay .......... | Idem .......... | Idem .......... | 156 |
| Dacheux .......... | Idem .......... | Idem .......... | 156 |
| Burette .......... | Idem .......... | Idem .......... | 156 |
| Cuicheny .......... | Idem .......... | Idem .......... | 159 |
| Fratin .......... | Idem .......... | Idem .......... | 159 |
| Madame *Bazire* .......... | Idem .......... | Idem .......... | 159 |
| Ray .......... | Idem .......... | Idem .......... | 160 |
| John Valker .......... | Idem .......... | Idem .......... | 161 |
| Guerin .......... | Idem .......... | Idem .......... | 161 |
| Veuve *Coulon de Thevenol* .... | Idem .......... | Idem .......... | 161 |
| Jetot .......... | Idem .......... | Idem .......... | 162 |
| Lefort .......... | Laboissière ..... | Oise .......... | 163 |

### ÉTABLISSEMENS ROYAUX.

| | | | |
|---|---|---|---|
| Manufacture royale de ...... | Sèvres .......... | Seine-et-O'se. ... | 156 |
| Manufact. royale des Gobelins. | Paris .......... | Seine .......... | 156 |
| Manufacture royale de ...... | Beauvais ...... | Oise .......... | 156 |
| École des arts et métiers..... | Angers .......... | Maine-et-Loire. . | 157 |
| Idem .......... | Châlons .......... | Marne .......... | 157 |

### ÉTABLISSEMENS PUBLICS.

| | | | |
|---|---|---|---|
| Ateliers des prisons .......... | " | Seine .......... | 157 |
| Dépôt de mendicité .......... | Poitiers .......... | Vienne .......... | 157 |
| Maison centrale .......... | Melun .......... | Seine-et-Marne. . | 157 |
| Idem .......... | Rennes .......... | Ille-et-Vilaine. ... | 157 |
| Maison de détention .......... | Gaillon .......... | Eure .......... | 157 |
| Idem .......... | Clairvaux .......... | Aube .......... | 157 |
| Idem .......... | Rouen .......... | Seine-Inférieure. | 157 |
| Idem .......... | Montpellier ..... | Hérault .......... | 157 |
| Idem .......... | Fontevrault ..... | Maine-et-Loire. . | 158 |
| Maison de correction ...... | Dourdan .......... | Seine-et-Oise. .. | 158 |
| Dépôt de mendicité .......... | Saint-Lizier ..... | Ariége .......... | 158 |
| Maison de refuge .......... | Bourges .......... | Cher .......... | 158 |
| Fabrique de charité .......... | Vannes .......... | Morbihan ...... | 158 |

L

| NOMS DES FABRICANS. | RÉSIDENCES. | DÉPARTLMENS. | N.º du catalog. |
|---|---|---|---|
| **MM.** | | | |
| Association de charité...... | Cherbourg...... | Manche ....... | 1585. |
| Institution royale des jeunes aveugles............... | Paris......... | Seine......... | 1586. |
| Hospice de............ | Cherbourg..... | Manche........ | 1587. |
| *Idem*............... | Montebourg.... | *Idem*......... | 1588. |
| *Idem*............... | Pontorson...... | *Idem*.. | 1589. |
| *Idem*............... | Arras........ | Pas-de-Calais.... | 1590. |
| Hospice des pauvres........ | Beauvais...... | Oise........ | 1591. |
| *Idem*............... | Avranches...... | Manche........ | 1592. |
| Fabrique de............ | Vire........ | Calvados....... | 1593. |

FIN DE LA TABLE.

9 782329 815107